新潮文庫

# ソークラテースの弁明・クリトーン・パイドーン

プラトーン
田中美知太郎
池田美恵 訳

新潮社版

*1824*

目次



田中美知太郎

# ソークラテースの弁明・クリトーン・パイドーン

# 凡例

○原文は、バーネット全集による。訳文中に＊印をつけたところは、原文の読み方について訳者が特に注意を必要としたところである（詳細は三〇〇ページ「原文の読み方について」を参照）。

○訳文の上欄には、慣例どおり、ステパヌス版のページ数を示した。

○訳文中〔 〕の記号は、文意を明瞭《めいりょう》にするため、前後の連関から補ってもよいと思われる言葉を、訳者の判断によって補った印であり、原文にはない。

○ギリシア文字の読み方のままをカナ文字にうつす場合、*ΦΧΘ* は *ΠΚΤ* 同様に扱い、固有名詞は『新潮世界文学小辞典』の表記法に従ったので、他の場合も母音の長短をできるだけ忠実に示すことになった。

# ソークラテースの弁明

17 アテーナイ人諸君、諸君が、わたしを訴えた人たちのいまの話から、どういう印
象を受けられたか、それはわからない。しかしわたしは、自分でも、この人たちの
話を聞いていて、もう少しで自分を忘れるところだった。そんなに彼らの言うこと
は、もっともらしかったのだ。しかし本当のことは、ほとんど何も言わなかったと
いっていいだろう。中でも、彼らについて、いちばんわたしのあきれたことが一つ
ある。それは彼らが、随分たくさんの嘘《うそ》をついたけれども、そのうちでも、あなた
がたに用心しろ、*そうでないと、わたしにだまされるぞということを、まるでわた
B しが、大した弁論家ででもあるかのように、言っていたことだ。つまり、そんなこ
とをぬけぬけと言っているということは、いますぐに、どう見ても、わたしが大し
た弁論家であるとは見えないという、事実によって、彼らはわたしのために、完全
に反駁《はんばく》されるにきまっているのだから、これこそ彼らの、最も恥しらずな点だと、
私に思われたのです。もっとも、あるいはこの人たちが、真実を語る者を、弁論の
雄者であると呼ぶのなら、話は別だ。もし彼らのいう意味が、そういうのであるの

なら、わたしも、彼らの類《たぐ》いではないにしても、一個の弁論家であることを承認するでしょう。いずれにしても、この人たちは、わたしに言わせれば、ほとんど何も真実のことを言わなかったのだ。しかし諸君は、わたしから真実のすべてを聞かれるでしょう。もっとも、ゼウスの神かけて、アテーナイ人諸君よ、諸君の聞かれる
C のは、この人たちの弁論のような、美辞麗句でもって飾ったり、こしらえたりしたようなものではないだろう。それはあり合せの言葉でもって、無造作に語られることになるだろう。それはつまり、わたしの言おうとしていることが、正当であると信ずるからだ。そして諸君の何びとも、それ以外の弁論を期待してはいけない。なぜなら、それにはまた、諸君よ、わたしのような年の者が、あなたがたの前に呼び出されて、いたずら小僧のように、言いわけをこしらえたりするのは、どうもこの年齢に似つかわしくないだろうというわけもあるのだ。それからまたもう一つ、ぜひ、アテーナイ人諸君よ、諸君にお許しを願いたいことがある。それはわたしが、よその場所でも、また市場にある両替屋の店先などでも、不断しゃべりつけていて、多数諸君がそこで聞かれたのと、同じ言葉をつかって、いま弁明するのを聞かれて
D も、そのために驚いたり、騒いだりしないでほしいということだ。それはつまり、こういう事情があるからだ。わたしは、もう年が七十になっているが、裁判所へや

って来たのは、いまが初めてなのだ。だから、ここの言葉づかいは、わたしには、
まるでよその言葉なのだ。だから、もしかりにわたしが、本当によそから来た者だ
としたなら、そのなかでわたしが育てられてきた、そのままの言葉を用い、その話
し方をしたところで、きっと諸君は、事情を察して、わたしを許してくれるでしょ
18 う。ちょうどそれと同じこと、いまもまた、このことを諸君にお願いしても、とに
かく不当ではあるまいと、わたしは思う。どうか言葉づかいのところは、たぶん、
なみはずれて下手な言い方をしているかもしれないし、またうまいところもあるか
もしれないが、あっさり見過しておいてください。そしてただ、わたしの言うこと
が正しいか否《いな》かということだけに注意を向けて、それをよく考えてみてください。
なぜなら、そうするのが、裁判をする人のりっぱさというものであり、真実を語る
というのが、弁論する者の立派さだからだ。

さて、それでは、まず最初に、当然、わたしが弁明しなければならないのは、ア
テーナイ人諸君よ、わたしについてなされた、最初のいつわりの訴えと、その最初
の訴人たちに対してでなければならない。そしてそれから、その後でなされた訴え
B と、そのような、後からの訴人たちを相手にしなければならない。そのわけは、わ

たしをあなたがたに向って訴えている者は、多数いるのでして、彼らは既に早くか
ら、多年にわたって、しかも何ひとつ本当のことを言わないで、そうしているのだ。
わたしはその連中を、アニュトス（二）一派の人たちよりも、もっと恐れているわけなの
だ。無論、この一派の人たちも、手ごわい人たちに相違ないが、しかし彼らは、諸
君よ、もっと手ごわい連中なのだ。それはつまり、彼らが、諸君の大多数を、子供
のうちから、手中にまるめこんで、ソークラテースという奴《やつ》がいるけれども、これ
は空中のことを思案したり、地下の一切をしらべ上げたり、弱い議論を強弁したり
する、一種妙な知恵をもっている奴なのだという、何ひとつ本当のこともない話を、
C しきりにして聞かせて、わたしのことを讒訴《ざんそ》していたからなのだ。アテーナイ人諸
君、こういう噂《うわさ》を撒《ま》きちらしたこういう連中が、つまりわたしを訴えている手ごわ
い連中なのだ。それは誰でも、こういう噂を聞けば、そういうことを探り出そうと
しているのでは、きっとまた神々を認めないことにもなるだろうと考えるからだ。
そのうえ、こういう訴人は、多数いるのだ。そして長い時間をかけて、訴えてきた
のだ。しかも、なおそのうえに、彼らが諸君に話しかけたというのが、諸君の
最も信じやすかった、その年代においてなのであって、そのとき諸君は、あるいは
少年であり、あるいはまた青年だったわけで、何のことはない、わたしは欠席裁判

にかけられたようなもので、彼らの訴えに対して、誰一人弁明してくれる者もなか
ったわけだ。そして何とも言いようのない、いちばん困ったことは、その連中の名
D 前さえも、誰かちょうど一人喜劇作者（二）がいるということを除いては、それを知るこ
とも、口にすることもできないということだ。そしてその喜劇作家を除く、他の連
中といえば、彼らは、嫉妬《しっと》にかられて、中傷のために、諸君をあざむくような話を
していたわけなのであって、彼らのうちには、自分でもすっかりそう信じこんで、
それを他人に説いているような者もあるわけなのだが、いずれもみな厄介至極の連
中なのです。というのは、彼らのうちから誰かを、このところへ引っぱり出して来
て、これを吟味にかけるというようなことも、とうていできないのであって、これ
に弁明をするというのは、何のことはない、まるで自分の影と戦うようなことをし
なければならなかったのであり、誰も答えてくれる者なしに、吟味を行わなければ
ならないからだ。だから、どうか諸君も、わたしの言うとおりに、わたしを訴えた
人は、二通りあるのだということを認めてください。それはつまり、最近に訴えた
E 人たちと、わたしのいま言っている、古くからの訴人たちだ。そしてまず最初に、
わたしが弁明しなければならないのは、この連中に対してであると思ってください。
諸君もまた、彼らの訴えのほうを、後代のここにいる人たちからよりも、もっと先

に、そしていっそう多く聞かされたわけなのだから。

しかしまあ、それはそれとして、さあ弁明をしなければならない、アテーナイ人
19 諸君、そして諸君が、永い時間をかけて、中傷の結果もつようになったものを、諸
君から取除くことを試みなければならない。それも短時間のうちにそうしなければ
ならない。だから、わたしはそれが、もしそうなるほうが、何か諸君のためにもな
り、わたしのためにもなるのなら、そうなることを望み、わたしの弁明が成功する
ことを希望したいと思う。しかしそれは、むずかしいと思う。わたしには、それが
どんな仕事になるかということが、全然わからないわけではない。しかし、まあ、
とにかく、そのことの成行きは、神のみこころにおまかせして、ただ法律の規定に
従い、弁明をしなければなりません。

B さあ、それでは、最初から出直すことにしようではないか。わたしに対する中傷
が、それによって結実し、メレートス(三)も、まさにそれを信ずることによって、この
公訴を提起したところの、そのもとの訴えとは、どういうものなのか。そうだ。中
傷者たちは、いったいどういうことを言って、中傷をしていたのかが問われなけれ

ばならない。だから、彼らをちょうど訴人のように見立てて、彼らの宣誓口述書を読み上げてみなければならない。曰《いわ》く、ソークラテースは犯罪者である、彼は天上地下のことを探求し、弱論を強弁するなど、いらざる振舞いをなし、かつこの同じ
C ことを、他人にも教えているというようなのが、まあ、それでしょう。つまりこれは、諸君がまた直接に、アリストパネース喜劇(四)の舞台で、見られたことなのです。そこでは、一人のソークラテースという人物が、からくりによって運ばれながら、大気を踏んまえているのだと見得を切ったり、その他いろいろわけの分からない、おしゃべりをするのですが、それらについては、大にも小にも、まるっきりわたしは、理解がつかないのです、といっても、それはまた、もし誰か、こういうことがらについて、特別の知恵をもっている者があるのなら、そういうような知識を軽蔑《けいべつ》する意味で、こんなことを言っているのではない。何らかのかたちで、わたしはメレートスから、そういう大罪を問われたくはありません。しかしまあ、これはこれでいいでしょう。これらのことは、アテーナイ人諸君よ、わたしの少しも与《あずか》り知らない
D ことなのだから。そしてそれには、あなたがたの大多数を、わたしの証人にしましょう。そしてわたしは要求しますが、かつてわたしの問答を聞いたことのある諸君は、諸君のうちに多数おられるわけだから、どうぞおたがいに打ちあけて、話し合

い、教え合ってください。さあ、それでは、あなたがたは誰か、わたしが、こういうことがらについて、大なり小なり、問答していたのを、いつか聞いたことがあるか、どうか、おたがいに、打ちあけて、話し合ってください。そうすれば、多くの人たちが、わたしについて言っている、これ以外のこともまた、これと同じようなものであることを、そこから悟られるでしょう。

　いずれにしても、それらのことは、どれも事実ではないのだから、かまわないわ
けですし、またわたしが、人間教育ということに手を出していて、そのために金銭
E をもらい受けているというようなことを、諸君が誰かから聞かれたとしても、それ
もまた本当ではない。もっとも、こういうことも、もし誰かが人間としての教育と
いうものを行うことができるのなら、結構なことだと、わたしは思っている。ちょ
うど、レオンティーノイのゴルギアース(五)やケオスのプロディコス(六)、エーリスのヒッ
ピアース(七)などが、それに当るだろう。というのは、これらの連中は誰でも、諸君よ、
できるのです、どこの国へでも出かけて行って、そこの青年たちに、彼らは、自分
の国の人なら、誰とでも好きな人と、ただで交際することができるのに、そういう
20 人たちとの交際をすてて、自分たちと一緒になるように説きすすめ、それに対して

金銭を支払わせ、おまけに感謝の情まで起させるという、そういうことができるのだ。そういえば、もう一人、パロスの者で、いまこっちへ来ている知者がいますよ。わたしはその者が、この地に滞在しているのを知ったのだ。というのは、ソフィストに対してほかの人たちが全部で支払ったよりも、もっと多くの金銭をつかった人、つまりヒッポニコスのところのカリアース（八）に、ちょうど出あったからです。その時わたしは、彼にきいてやりました。というのは、彼には二人の息子があったからです。カリアースよ、とわたしは言ったのです。もし君の息子が、かりに仔馬《こうま》や仔牛であったとするならば、彼らのために監督者となる者を見つけ出して、これに報酬
B を払って、息子たちを、しかるべき徳をそなえた、立派な者にしてもらうことができるだろう。またそういう監督者は、誰か馬事や農事に明るい者のうちに見つけることができただろう。しかし現実には、君の息子は人間なのだから、どういう者を、彼らの監督者として取るつもりで、君はいるのかね。誰かそういうふうな、人間として、また一国の市民としてもつべき徳を、知っている者があるだろうか。つまり君は、息子さんをもっているのだから、こういうことを、もう考えていると思うのだ。ね、どうだろう、誰かあるかしら、それとも、ないだろうかと、こうわたしが言ったら、あるとも、大ありだと、彼は答えたのです。それは誰だ、とわたしは言

いました。そしてどこの者だ、またいくら出せば、教えてくれるのだとも聞きました。そうすると、エウエーノス（九）というのだ、ソークラテース、パロスの者で、報酬は五ムナー（一〇）だ、と言いました。そこでわたしは、そのエウエーノスを、本当にそういう技術の心得があって、そのようなころあいの値段で、教えているのなら、結構な人だと言ってやりました。実際、とにかく、もしわたしが、そういう知識をもっているのだとしたら、自分でも、それをはえあることとして、さぞ得意になったことでしょうからね。しかし間違わないでください。わたしはそういう知識を、もってはいないのですから、アテーナイ人諸君。

C そうすると、誰かあなたがたのうちで、たぶん、すぐにこうたずねる人があるでしょう。しかしソークラテース、君の仕事は、何なのだ。どこから、君に対する、こういう中傷が生れてきたのだ。なぜなら、君という人が、ほかの人のしない、よけいなことを、何もことさらにしてはいないのに、それなのに、こういう噂《うわさ》や評判が立つはずは、たぶんきっとなかっただろう。もしも君が、大多数の人たちと、何か違ったことをしていたのではないならばだね。だから、どうか、君のしていることが何なのか、われわれに言ってくれたまえ。そうすれば、われわれも君について、

D軽率な判断をしないですむだろうと、こう言う人があるなら、わたしはそれを、もっともな言い分であると思う。だから、わたしも、いったい何がわたしに、こういう名前をもたらし、こういう中傷を受けるようにしたのかを、諸君にはっきりわかるようにしてみましょう。さあ、聞いてください。そしてたぶん、諸君のうちには、わたしが冗談を言っているのだと思う人もあるかもしれないけれども、しかし、これからわたしが話そうとすることは、全部本当のことなのだから、どうか、そのつもりで聞いてください。というのは、アテーナイ人諸君、わたしがこの名前を得ているのは、とにかく、ある一つの知恵をもっているからだということには、間違いないのです。すると、それはいったい、どういう種類の知恵なのでしょうか。たぶEん、それは人間なみの知恵なのでしょう。なぜなら、実際にわたしがもっているらしい知恵というのは、おそらくそういう知恵らしいからです。これに反して、わたしがいましがた話題にしていた人たちというのは、たぶん、何か人間なみ以上の知恵をもつ、知者なのかもしれない。それとも、何と言ったらよいでしょうか、わたしにはわからない。なぜなら、とにかくわたしは、そういう知恵を心得てはいないからです。それをしかし、わたしが心得ていると主張する人があるなら、それは嘘《うそ》をついているのです。そういうことを言うのは、わたしを中傷するためなのです。

それで、どうか、アテーナイ人諸君よ、わたしが何か大きなことを言っていると、
諸君に思われたにしても、騒がないようにしてください。というのは、これからこ
こで言われることは、わたしがそれを言うにしても、それはわたしの言葉ではない
のでして、わたしはその言葉が、ちゃんとした権威にもとづいているのだというこ
とを、あなたがたにはっきり示すことができるからです。というのは、わたしに、
もし何か知恵があるのだとするならば、そのわたしの知恵について、それがまたど
ういう種類のものであるかということについて、わたしはデルポイの神（アポロー
21 ン）の証言を、諸君に提出するでしょう。というのは、カイレポーン（二）を、たぶん、
諸君はご存じであろう。あれはわたしの、若い時からの友人で、あなたがたの大多
数とも、同じ仲間に属し、先年はあなたがたと一緒に、国外に亡命し、また一緒に
帰国しました。そしてまた、カイレポーンがどういう性質の者だったかということ
も、諸君はご存じだ。あれは何をやり出しても、熱中するたちだったのです。それ
でこの場合も、いつだったか、デルポイへ出かけて行って、こういうことで、神託
を受けることを敢《あ》えてしたのです。それで、そのことをこれからお話するわけなの
ですが、どうか諸君、そのことで騒がないようにしていてください。それはつまり、
わたしよりも誰か知恵のある者がいるか、どうかということを、たずねたのです。

すると、そこの巫女《みこ》は、より知恵のある者は誰もいないと答えたのです。そしてこれらのことについては、彼はもうこの世の人ではないのですから、ここに来ている、彼の兄弟が、あなたがたに対して証言するでしょう。

――（証人の証言あり）――

B　さあ、それでは、何のためにわたしが、こういうことを言うのか、考えてみてください。それはつまり、わたしに対する中傷が、どこから生じたかを、いまこれから諸君にわかってもらいたいと思うからなのだ。というのは、いまの神託のことを聞いてから、わたしは心に、こういうふうに考えたのです。いったい何を神は言おうとしているのであろうか。いったい何の謎《なぞ》をかけているのであろうか。なぜなら、わたしは自分が、大小いずれにしても、知恵のある者ではないのだということを自覚しているからです。すると、そのわたしをいちばん知恵があると宣言することによって、いったい何を神は言おうとしているのであろうか。というのは、まさか嘘を言うはずはないからだ。なぜなら、神にあっては、それはあるまじきことだからです。そして永い間、いったい何を神は言おうとしているのであろうかと、わたし

は思い迷っていた。そして全くやっとのことで、その意味を、何か次のような仕方
で、たずねてみることにしたのです。それは誰か、知恵があると思われている者の
うちの一人を訪ねることだったのです。ほかはとにかく、そこへ行けば、神託を反《はん》
C駁《ばく》して、ほら、この者のほうが、わたしよりも知恵があるのです、それだのに、あ
なたはわたしを、知者だといわれたというふうに、託宣にむかってはっきり言うこ
とができるだろうというわけなのです。ところが、仔細《しさい》にその人物――というだけ
で、特に名前をあげて言う必要は何もないだろう。それは政界の人だった――その
人物を相手に、これと問答しながら、観察しているうちに、何か次のようなことを
経験したのです。つまりこの人は、他の多くの人たちに、知恵のある人物だと思わ
れているらしく、また特に自分自身でも、そう思いこんでいるらしいけれども、実
はそうではないのだと、わたしには思われるようになったのです。そしてそうなっ
たときに、わたしは彼に、君は知恵があると思っているけれども、そうではないの
だということを、はっきりわからせてやろうと努めたのです。すると、その結果、
Dわたしはその男にも、またその場にいた多くの者にも、にくまれることになったの
です。

　しかしわたしは、自分一人になったとき、こう考えた。この人間より、わたしは

知恵がある。なぜなら、この男もわたしも、おそらく善美のことがらは、何も知ら
ないらしいけれども、この男は、知らないのに、何か知っているように思っている
が、わたしは、知らないから、そのとおりに、また知らないと思っている。だから、
つまりこのちょっとしたことで、わたしのほうが知恵のあることになるらしい。つ
まりわたしは、知らないことは、知らないと思う、ただそれだけのことで、まさっ
ているらしいのです。そしてその者のところから、また別の、もっと知恵があると
思われている者のところへも行ったのですが、やはりまた、わたしはそれと同じ思
E いをしたのです。そしてそこにおいてもまた、その者や他の多くの者どもの、にく
しみを受けることになったのです。

それで、それ以後、今日まで、次から次へと歩いてみたのです。自分がにくまれ
ているということは、わかっていたし、それは苦にもなり、心配にもなったのです
が、しかしそれでもやはり、神のことをいちばん大切にしなければならないと思え
たのです。ですから、神託の意味をたずねて、およそ何か知っていると思われる人
22 があれば、誰のところへでも、すべて行かなければならないと思ったのです。そし
て犬に誓って、アテーナイ人諸君、諸君には本当のことを言わなければならないの

だから、誓って言いますが、わたしとしては、こういうような経験をしたのです。つまり名前のいちばんよく聞えている人のほうが、神命によってしらべてみると、思慮の点では、まあ九分九厘までは、かえって最も多く欠けていると、わたしには思えたのです。これに反して、つまらない身分の人のほうが、その点むしろ立派に思えたのです。まあ、とにかく、わたしのその遍歴というものを、諸君のお目にかけなければならない。それはまるで、ヘーラクレースの難業みたいなものなのだが、結局は、神託に言われていたことが、わたしにとっては、否定できないものなのだということになるのです。

さて、そのことですが、政治家の次に、わたしがたずねて行ったのは、悲劇作者
B やディツュランボス作者、その他の作者のところなのです。今度こそは、わたしがその人たちよりも知恵のないところを、現場で押えられるだろうという見こみだったのです。そこで、彼らの作品から、わたしが見て、いちばん入念の仕事がしてあると思えたのを取上げて、これは何を言おうとしたのかと、つっこんで質問をしてみたのです。それは同時に何かまた、もっと彼らから教えてもらえるものがあるだろうというわけだった。ところが、諸君、わたしは諸君に、本当のことを言うのを恥じる。でも、やはりそれは、話さなければならないことなのだ。言ってみれば、

ほとんどその場にいた全部と言ってもよいくらいの人たちが、作者たる彼ら自身よりも、その作品について、もっとよくその意味を語ることができただろうということです。その結果また、これらの作家についても、わずかの間に、こういうことを
C 知りました。彼らがその作品を作るのは、自分の知恵によるのではなくて、何か生れつきのままのものによるのであり、神がかりにかかるからなのであって、それは神の啓示を取りつぎ、神託を伝える人たちと同じようなものだということです。なぜなら、この人たちもまた、結構なことを、いろいろたくさん口で言うけれども、その言っていることの意味を、何も知ってはいないからだ。わたしの見るところでは、作家たちもまた、これに似たような弱点を持っていることは、明らかなのです。そしてこれと同時に、またわたしは、彼らが作家として活動しているということから、自分が世にもたいへん知恵のある人間だということを、自分が実際にはそうでない、他のことがらについても、信じこんでいるのに気がついたのです。そこでわたしは、また彼らのところから離れ去ったのです。ちょうど政治家の場合と、同じ違いでもって、わたしのほうがまだましだと思いながら。

それから最後に、わたしは手に技能をもつ人たちのところへ行きました。それは

D自分自身は、ほとんど何の心得もないことが、直接よくわかっていたし、これに反して、彼らのほうは、いろいろ立派な心得のあることが、やがて明らかになるにきまっているとわかっていたからです。そしてこの点においては、わたしは欺《あざむ》かれなかったわけで、彼らはわたしの、知らないことがらを知っていて、その点では、わたしよりもすぐれた知恵を持っていました。しかしながら、アテーナイ人諸君、このすぐれた手工者たちもまた、作家たちと同じ誤りを犯しているように、わたしには思えたのだ。つまり技術的な仕上げをうまくやれるからというので、めいめいそれ以外の大切なことがらについても、当然、自分が最高の知者だと考えているのでして、彼らのその不調法が、せっかくの彼らの知恵を蔽《おお》いかくすようになっていた
Eのだ。そこでわたしは、神託に代って、わたし自身に問い直してみたのです。どちらがわたしにとって、我慢のできることなのだろうか。いまわたしは、彼らの持っている知恵は、少しもこれを持っていないし、また彼らの無知も、そのままわたし自身の無知とはなっていないが、これはこのままのほうがいいのだろうか、それとも、彼らの知恵と無知とを、二つとも所有するほうがいいのだろうか、どっちだろうというのです。これに対してわたしは、わたし自身と神託とに、このままでいるほうが、わたしのためにいいのだ、という答えをしたのです。

つまり、こういう詮索《せんさく》をしたことから、アテーナイ人諸君、たくさんの敵意が、
23 わたしに向けられることになってしまったのです。それはいかにも厄介至極な、このうえなく堪えがたいものなのであって、多くの中傷も、ここから生ずる結果となったのです。しかし名前は、知者だというように言われるのです。なぜなら、どの場合においても、わたしが他の者を、何かのことでやりこめるとすると、そのことについては、わたし自身は知恵をもっているのだと、その場にいる人たちは考えるからなのです。しかし実際はおそらく、諸君よ、神だけが本当の知者なのかもしれない。そして人間の知恵というようなものは、何かもうまるで価値のないものなのだということを、この神託のなかで、神は言おうとしているのかもしれません。そしてそれは、ここにいるこのソークラテースのことを言っているように見えるけれ
B ども、わたしの名前は、つけ足しに用いているだけのようだ。つまりわたしを一例にとって、人間たちよ、お前たちのうちで、いちばん知恵のある者というのは、誰でもソークラテースのように、自分は知恵に対しては、実際は何の値打ちもないものなのだということを知った者が、それなのだと、言おうとしているようなものなのです。だから、これがつまり、いまもなおわたしが、そこらを歩きまわって、こ

の町の者でも、よその者でも、誰か知恵のある者だと思えば、神の指図に従って、これを探して、しらべ上げているわけなのだ。そして知恵があるとは思えない場合には、神の手助けをして、知者ではないぞということを、明らかにしているのです。Cそしてこの仕事が忙しいために、公私いずれのことも、これぞと言うほどのことを行う暇がなくて、ひどい貧乏をしているが、これも神に仕えるためだったのです。

なおまた、そのほかに、若い者で、暇がたいへん多く、金も非常に多い家の者が、何ということなしに、自分たちのほうから、わたしについて来て、世間の人がしらべ上げられるのを、興味をもって傍聴し、しばしば自分たちで、わたしの真似《まね》をして、そのために、他の人をしらべ上げるようなことを、してみることにもなった。そしてその結果、世間には、何か知っているつもりで、その実、わずかしか知らないとか、何も知らないとかいう者が、むやみにたくさんいることを、発見したのだと思います。すると、そのことから、彼らのためにしらべ上げられた人たちは、自分自身に対して腹を立てないで、わたしに向って腹を立て、ソークラテースは実にDけしからん奴《やつ》だ、若い者によくない影響を与えていると言うようになったのです。そしてそれは、何をし、何を教えるからなのかと、たずねる人があっても、そんな

ことは知らないし、答えることもできないのです。しかしその困っているところを、
そう思われないように、学問をしている者について、すぐに言われるような、例の
「空中や地下のこと」とか、「神々を認めない」とか、「弱論を強弁する」とかいう
ことをのべているのです。それはつまり、彼らが本当のことを言いたくないからだ
ろうと思うのです。なぜなら、そうすれば、知ったかぶりをしていても、何も知ら
E ないのだということが、暴露するからなのです。そこで、彼らは、思うに、負けん
気だけは強いのですから、はげしい勢で、多数をもって、組織的*かつ説得的に、わ
たしについて語り、以前から今日に至るまで、猛烈な中傷を行なって、諸君の耳を
ふさいでしまったのです。メレートスが、わたしに攻撃を加えたのも、アニュトス
やリュコーン（二二）がそうしたのも、こういうことがもとなのでして、メレートスは、作
24 家を代表し、アニュトスは手工者と政治家のために、リュコーンは弁論家の立場か
ら、わたしをにくんでいるわけなのです。したがって、ちょうど最初に言ったこと
ですが、いまこんな大きくなってしまった、この中傷を、このわずかの時間で、諸
君から取除くことが、わたしにできるとしたら、わたしはそれを不思議とするでし
ょう。このことは、いいかね、アテーナイ人諸君、本当のことなのだ。わたしは諸
君に対して、大小いずれのことも、かくしだてもせず、ごまかしもせずに、話をし

ているのだ。無論、そんなことをするからこそ、にくまれるのだということも、知らないではありません。しかしそれこそ正に、わたしの言っていることが本当だという、証拠になるのです。つまりわたしに対する中傷が、いまお話ししたようなものであり、その原因も、以上の如《ごと》きものだということの証拠です。そしていまからBでも、また別の機会にでも、このことを諸君がしらべて見られるなら、いま言ったようなことがわかるだろう。

かくて、わたしの最初の訴人が訴えたことがらについては、以上で、諸君に対する弁明は、一応十分だということにしたい。しかしながら、メレートスという、善良な自称愛国者をはじめとする、後期の訴人に対する弁明が、これから試みられなければなりません。すなわち、もう一度、それでは、これらを別種の訴人と見なして、その宣誓口述書となるものを、別に取上げてみましょう。それは大体こんなふうなものなのです。ソークラテースは犯罪人である。青年に対して有害な破滅的影C響を与え、国家の認める神々を認めずに、別の新しい鬼神の類《たぐ》いを祭るがゆえにという、こういうのが、その訴えなのですが、この訴えの各項を、一つずつしらべてみることにしよう。

すなわちその主張するところでは、わたしの罪は、青年に害を与えているということにあるわけなのですが、これに対してわたしは、アテーナイ人諸君、メレートスこそ犯罪人であると主張する。なぜなら、彼はこれまでに少しも関心を持ったことのないことがらについて、真面目《まじめ》に心配しているようなふうをして、軽々しく人を裁判沙汰《ざた》にまきこんだりしているが、これはふざけていながら、真面目なふうをしているということなのです。どうして、しかし、それがそうなのかということは、これから諸君にも、はっきりわかるようにしてみましょう。

D　では、どうか、ここへ来て、メレートス君、答えてくれたまえ。どうだね、君が大切だと思っていることは、年下の諸君が、できるだけ善くなってくれるようにということなのかね。

『そうだ』

さあ、それなら、今度は、彼らを段々に善いほうへ向けてくれるのは、誰かということを、この人たちに言ってくれたまえ。なぜなら、君がこのことに関心をもっている限り、無論、君は知っているはずなのだから。つまり君は、害を与えて悪くする奴を見つけ出したというふれこみで、僕を訴えて、この人たちの前に呼び出しているくらいなのだからね。しかしそれなら、善いほうへ導くのは、何ものなのか、さあ、それを言って、この人たちに明かしてくれたまえ。

ほら見たまえ、君は答えることができずに、黙っているではないか。しかしこれは、はずかしいことだとは、君に思われないのか。そしてこれは、ちょうど僕の言っている、君はこれに何の関心ももってはいなかったのだということの、十分な証拠になるとは思わないのか。まあ、とにかく、君、言ってくれたまえ。彼らを善いほうへ導くのは、何なのか。

『法律だ』

E　いや、しかしそれは、僕のきいていることではないのだよ、君。むしろ人間をきいているのだ。その法律というものを、直接、初め知るのは、誰かということをなのだ。

『それは、ソークラテース、ここにいる裁判官たちだ』

というと、どういう意味なのかね、メレートス。この人たちが、青年を教育することができるのであり、彼らを善いほうへと導いているのだというのかね。

『大いにそのとおりだ』

それは、このすべての人がそうなのか、それとも、このうちにも、そうする人と、そうしない人とがあるのかね。

『すべての人がそうするのだ』

いや、君の話は、ヘーラに誓って、たしかに結構な話だ。よくしてくれる人が、あり余るほど、たくさんいるというのだからね。それなら、いったい、どうなのか
25 ね。ここにいる傍聴人たちは、善いほうへ導くのだろうか。それとも、そうでないのだろうか。

『この人たちも、そうなのだ』

では、国政審議会の人たちは、いったい、どうなのかね。

『国政審議会の人たちも、そうなのだ』

しかし、それなら、メレートス、国民議会に集まる、あの議員たちが、年少者たちに害を与えるということは、まさかあるまいね。いや、あの人たちもまた、全員が善いほうへ導くわけなのだろう。

『そうだ、あの連中もだ』

してみると、僕をのぞけば、アテーナイ人のすべてが、立派なよい人間をつくっているのであって、ただ僕だけが、これを悪くしているというのが、これが君の言おうとしていることなのかね。

『そうとも、それがわたしのせつに、大いに言おうとしていることなのだ』

いや、これはたいへんな不仕合せを、僕は君のために認められたことになる。それなら、どうか、一つ答えてくれたまえ。そもそも君は、馬についても、そうだと
B思うかね。これを善くするのは、人間誰でもすべてが、そうなのであって、誰か一人だけが、それを悪くするのだろうか。それとも、むしろその正反対で、これを善くすることができるのは、誰か一人あるだけか、あるいはごく少数あるだけなのであって、大部分の人間は、馬と一緒にいて、馬を扱ったりすれば、これを悪くするのではないか。どうだ、メレートス、こうではないのか、馬のことにしても、その他の動物のことにしてもね。いずれにしても、君やアニュトスが、これに反対しようと、また賛成しようと、それにきまっていると思うのだ。なぜなら、青年たちのために、もしただ一人だけが、これに害を与えて、その他の者は、みな利益を与え
Cるのだとしたら、それは何ともたいへん幸福なことになるだろうからね。いや、しかし、メレートス君、君はすっかり、はっきりさせてくれたことになるのだ。青年のことなど、これまでに君は一度も心配したことはなかったのだということをね。つまり僕をここへ引っぱり出した、その問題について、君は何の関心も持っていなかったという、君のその無関心ぶりを、いまはっきりと、君は示しているのだ。

しかし、もう一つ、われわれのために、ゼウスの神かけて、言ってもらいたいことがあるのだよ、メレートス君、つまり住むのには、よい市民のうちに住むのと、悪い市民のうちに住むのと、どっちがいいだろうね。ええ、君、君の答を、どうか言ってくれたまえ。僕のきいていることは、ほら、ね、何もむずかしいことではないのだ。悪い人というものは、それぞれの場合に、自分の近くにいる者に対して、何か悪いことをするけれども、よい人は、よいことをするものではないか。

『全く』

D それなら、誰か自分と一緒にいる者から、利益を受けるよりも、むしろ害を受けることを欲する者があるだろうか。どうだね、君、何とか答えるようにしてくれたまえ。ちょうど法律も、答を命じているのだから。どうだね、誰か害を受けることを欲する者があるだろうか。

『むろん、ないにきまってる』

さあ、それなら、僕を君がここへ引っぱり出しているのは、僕が若い者に悪い影響を及ぼしているからだということになっているが、それは僕が、故意にそうしているという意味なのか、それとも、故意にではないと言うのか。

『故意にだと、わたしは断言する』

　すると、いったい、どういうことになるのかね。君と僕との間には、僕はもうこの年であり、君はまだその年だのに、そんなに大きな知恵のひらきができてしまっているのだろうか。悪い人間はいつも、自分にいちばん近い者に対して、何かわる
E いことをするけれども、よい人は、よいことをするというのを、君のほうは知っているのに、僕のほうは、一緒にいる者の誰かを悪くすれば、その者から何か悪いことを受けとる危険があるだろうというのに、それさえ分らないというのでは、無知も無知、随分ひどいことになっているのではないだろうか。そしてその結果、そういうたいへんな害悪を、僕はみずから求めて、つくり出そうとしているというのが、君の主張だけれど、そんなことがあるだろうか。僕は君の言うことが信じられないのだ、メレートス。そしてまた、世間の他の誰も信じないだろうと思う。むしろ僕は、実際には人に悪い影響を及ぼしていないのか、あるいは、これを悪化させてい
26 るとしても、それは僕の本意ではないということになる。だから、君は、このどちらにおいても、嘘《うそ》をついていることになる。そしてもし、悪い影響を及ぼしているのが、僕の本意ではないとするならば、このような不本意の誤りについては、こんな場所へ引っぱり出したりしないで、個人的に会って、教え諭《さと》すのが、法なのだ。

なぜなら、教えてもらえば、故意にやっているのではないから、それをやめるだろうということは、わかりきったことなのだからね。ところが君は、僕に会って、教えるということを避けたのだ。つまりその意志がなかったからだ。そしてこんな場所へ、僕を引っぱり出している。ここは、こらしめを必要とする者が、呼び出されて来るところなのであって、教えを必要とする者の、来るところにはなっていないのだ。

　しかしながら、アテーナイ人諸君よ、メレートスが、いまのことがらについて、
B 大にも小にも、関心を持ったことは、一度もなかったのだということは、わたしの言っていたとおりで、それはもうはっきりしているから、これ以上立ち入らないことにしよう。しかしそれでもなお君には、われわれのために、言ってもらわなければならないことがあるのだ。メレートス、君は僕が、青年に害悪を及ぼしているということを主張しているが、それはどういうやり方でと言うのかね。いや、無論それは、君の出した訴状から言えば、国家の認める神々を認めるなと言って、ほかの新しい鬼神《ダイモーン》の類いを教えているからだということになる。どうだ、僕はこういうことを教えることによって、害悪を及ぼしているというのが、君の言い分ではないの

か。

『そうだとも、それこそ全く、わたしのせつに言おうとしていることなのだ』

それなら、直接に、メレートスよ、いま言われているその神々にかけて、もっとはっきり、この僕にも、またここにいる人たちにも、言ってくれたまえ。というのCは、どっちなのか、僕にはわかりかねる点があるからだ。つまり君の言おうとしているのは、ある種の神々は、その存在を認めるように、僕も教え、またしたがって、僕自身神々の存在を信じているのであって、神の純然たる否定者ではないから、またその点では、罪を犯してはいないのであるが、しかし国家の認める神々は、これを認めないで、ほかの神々を信じているから、そのつまり異神を信じている点が、君の僕に対して、罪を鳴らす点なのであろうか。それともまた、君の主張では、全然僕は、自分でも神々を認めていないし、また他の人たちにも否定を教えているというのだろうか。

『そうだ、わたしの言うのはそれだ。全然あんたは神を認めていない』

D　いや、驚いたね、メレートス。何のために、君はそんなことを言うのかね。それだと僕は、日輪や月輪が神だということを、他の人たちのようには、認めていないというのかね。

『ゼウスに誓って、そうなのだ、裁判官の諸君、日輪は石、月輪は土だと主張しているのです』

それはアナクサゴラース(一三)なのだよ、愛するメレートス、君が訴えているつもりの人は。そしてそれだけ君は、ここにいる諸君を馬鹿《ばか》にしているわけなのだ。つまり君は、この諸君が文字を解しない人たちで、クラゾメナイのアナクサゴラースの書物には、いま君の言ったような議論がいっぱい載っているということを知らないと思っているのだ。おまけに、青年たちが、こんなことをわたしから教えてもらうと思っているのだ。これはおりがあれば、市場へ行って、せいぜい高くても、一ドラ
E クマも出せば、買えるものなので、ソークラテースが、それを自説らしく見せかけたりしたら、すぐ笑ってやれるものなのだ。なにしろ奇妙な説だからね。まあ、とにかく、ゼウスの神かけて、きくけれど、そんなふうに、君は僕を考えているのかね。神の存在を、僕が一つも認めないなんて。

『そうだとも、ゼウスに誓って、あんたはどんなにしても、神を認めてはいないのだ』

いや、メレートス、君の言うことは信用できないね。そのうえしかも、君自身だって、僕の見るところでは、信じてはいないのだ。つまりわたしの見るところでは、

この男は、アテーナイ人諸君、全く無法、不躾《ぶしつけ》な男のようです。そして何のことは
ない、このような訴えをしたのも、無法と不躾と若気のためだと思われます。つま
27 り謎《なぞ》を仕組んで、試しているようなものです。果してソークラテースは、知者だと
いうけれども、わたしが自家撞着《どうちゃく》のことを言って、ふざけているのがわかるだろう
か。それともあるいは、彼をわたしは、その他の聴衆も一緒に、欺《あざむ》きとおせるだろ
うか、というわけなのです。というのは、この男が訴状のなかで言っていることは、
自家撞着だと、私には思われる。それはつまり、ソークラテースは、神々を認めな
いで、神々を認めているから、その点において罪を犯している、と言っているよう
なものなのです。しかしこんなことは、ふざけていなければ、言えないことなので
す。

さあ、それでは、諸君、一緒によく見てください。この男の言うことは、いまお
話ししたような意味になるものと、わたしは見るのですが、そのわけは、どうして
なのかを見てください。しかし君は、メレートス、われわれのために答えてくれた
B まえ。また諸君も、初めに諸君にお願いしたことを、忘れないようにして、どうか、
わたしがいつもの流儀で話をすすめていっても、騒がないようにしていてください。

どうだね、メレートス、世のなかには、人間に交渉のあることがらは、その存在を認めるけれども、人間の存在は認めないというような者があるだろうか。諸君、この男に答えをさせてください。いつまでも、手を代え品を代えて、騒ぎつづけていないようにしてください。どうだね、馬は認めないけれども、馬に交渉のあることがらは認めるというような者があるだろうか。また、笛吹きの存在は認めないが、笛吹きに交渉のあることがらは認めるというような者があるだろうか。世にもすぐれた人よ、そういう者はないのだ。もし君が答えたくないなら、僕は君のためにも、またここにいる他の諸君のためにも、そう言うことにする。しかしこれにつづくこ
C　とだけは、答えてくれたまえ。どうだね。鬼神《ダイモーン》に交渉のあることがらは、存在を認めるけれども、鬼神は認めないという者があるだろうか。

『ない』

いや、何というありがたいことだ。やっと返事をしてくれたね。ここにいる人たちの手前、やむを得ない返事だったにしてもだ。さあ、それでは、僕が鬼神の類《たぐ》いを認めて、これを教えているということは、君の主張なのだね。そうすれば、それが新しいものか、古くからあるものかということは、次のことにして、とにかく、君の言うところによれば、僕が鬼神の類いを認めているのは、間違いないわけで、

君の訴状のなかにも、またそのことが宣誓されている。しかし鬼神の類いという、鬼神に交渉のあることがらを認めているとすれば、きっとまた、僕が鬼神を認めるという必然性も、大いにあるわけだろうと思う。そうではないかね。いや無論、そうだとも。というのは、君が答えてくれないから、同意したものと認めるわけだ。Dところで、その鬼神というものを、われわれは神、もしくは神の子と考えているのではないか。どうだ、君はそれに賛成するかね、反対するかね。

『全く賛成する』

すると君の主張のように、僕が鬼神を信じているとするならば、その鬼神がまた何か神だということになると、僕が君の謎あそびであり、ふざけ仕事であると主張する所以《ゆえん》のものが、結果するだろう。つまり神を信じないはずの僕が、鬼神を信じている限りにおいて、また逆に神を信じているというのが、君の主張だということになるだろう。また他方、鬼神というものが、神の傍系の子供であって、女精その他の、伝説されているような女性から生れてきたものであるとするならば、神の子の存在は信ずるけれども、神は信じないなどという者が、世に誰かあるだろうか。Eそれはちょうど、騾《らば》というものを、馬と驢《ろば》の間に認めながら、馬と驢の存在を信じないのと同じようなもので、奇妙なことになるだろう。しかし、メレートス君、君がこんな訴えをしたのは、この点で、われわれを試してみているのか、それとも、あるいは僕を訴えるための、本当の罪状が見あたらないためかの、どちらかであって、どうしても、それ以外ではない。また君が、少しでも知性のある人間をつかまえて、同じ人間が、鬼神に交渉のあることがらを信じて、神に交渉のあることを信
28 じなかったり、また更に、これらのことがらを信ずる者が、同じ人間で、鬼神も神も半神も信じないでいることができるというようなことを、納得させようとしても、そんなことのできる途《みち》は、一つもないのだ。

しかし、もうたくさんでしょう、アテーナイ人諸君、なぜなら、わたしがメレートスの訴えていることがらに関して、罪を犯している者ではないということは、多くの弁明を必要としないのであって、いま言われたことで、もうたくさんだとわたしは思います。しかし、前にも話しておいたことですが、わたしは多くの人たちから、いろいろにくまれているのです。そして、そのことは、いいですか、諸君、たしかに本当なのです。そしてもしわたしが、罪を着せられるとすれば、その場合、わたしにそれを負わせる者は、メレートスでもなければ、アニュトスでもなく、正にいま言われたことが、その原因となるでしょう。つまり多くの人たちの中傷と嫉《しっ》

B妬《と》が、そうするのです。正にそれこそが、他にも多くのすぐれた人たちを罪に陥《おと》したものなのでして、これからもまた罪を負わせることになるでしょう。それがわたしで終りになるようなことは、おそらく決してないでしょう。

　しかし、そうすると、たぶん、こう言う人が出て来るかも知れません。それでも、ソークラテース、君は恥ずかしくないのか。そんな日常を送って、そのために、いま死の危険にさらされているというのは、と言うでしょう。しかしわたしは、その人に答えて、当然こう言うでしょう。君の言うことは感心できないよ、君。もし君が、少しでも人のためになる人物の考えなければならないことは、ことを行うに当って、それが正しい行いとなるか、不正の行いとなるか、すぐれた人のなすことであるか、悪《あ》しき人のなすことであるかという、ただこれだけのことではなくて、生きるか、死ぬかの危険も勘定に入れなければならないと思っているのだとしたらね。Cなぜなら、君のそういう議論からすれば、あのトロイアで生涯をとじた半神たちは、くだらない連中だったということになるだろうからね。なかでも、あのテティスの息子（アキレウス）（一四）などは、恥ずべきことを我慢することにくらべるなら、そんな危険は何でもないと考えたのだからね。だから、ヘクトール討取りの念に燃えている彼に対して、女神であった、その母親が、わが子よ、お前が親友パトロクロスの仇《あだ》を討って、ヘクトールを殺すようなことがあれば、自分も死ぬことになるのだよ。すぐヘクトールの後で、死神がお前を捉《とら》えようと待ち受けているのだからねと、なんでも、こんなようなことを言ったと、わたしは思うのですが、するとアキレウスは、この言葉を聞いても、死や危険はものの数に入れないで、むしろ友のために仇
D 討もしないで、卑怯者《ひきょうもの》として生きることを恐れ、あの悪者に罰を加えさえしたら、すぐに死んでもかまいません。わたしはこの世にとどまって、地上の荷厄介になりながら、舳《へさき》のまがった船のかたわらに、笑いものとなっていたくはありませんと答えたのです。まさか諸君は、彼が死を心配し、危険を気にしたとは思わないでしょう。なぜなら、アテーナイ人諸君よ、真実は、次のとおりだからです。人がどこかの場所に、それを最善と信じて、自己を配置するとか、あるいは長上の者によって、そこに配置されるとかした場合には、そこにふみ止《とど》まって、危険を冒さなければならないと、わたしは思うのでして、死もまた他のいかなることも、勘定には入りません。それよりはむしろ、まず恥を知らなければならないのです。

E だから、わたしは、とんでもない間違いを犯したことになるでしょう、アテーナ

イ人諸君、もしもわたしが、諸君の選んでくれた、わたしの長上官の命によって、
ポティダイアでも、アンピポリスでも、またデーリオン（一五）でも、彼らによって配置さ
れた場所に、他の人と同様、ふみ止まって、死の危険を冒しておきながら、いま神
の命によって——とわたしは信じ、また解したのだが——わたし自身でも、他の人
でも、誰でもよくしらべて、知を愛し求めながら、生きて行かなければならないこ
29 とになっているのに、その場において、死を恐れるとか、何か他のものを恐れると
かして、命ぜられた持場を放棄するとしたなら、それこそとんでもない間違いを犯
したことになるだろう。そしてそのときこそ、神々の存在を認めない者であるとし
て、わたしを裁判所へ引っぱり出すのが、本当に正しいことになるだろう。神託の
意に従わず、死を恐れ、知恵がないのに、知恵があると思っているのだからね。

なぜなら、死を恐れるということは、いいかね、諸君、知恵がないのに、あると
思っていることにほかならないのだ。なぜなら、それは知らないことを、知ってい
ると思うことだからだ。なぜなら、死を知っている者は、誰もいないからです。ひ
ょっとすると、それはまた人間にとって、一切の善いもののうちの、最大のものか
B もしれないのに、彼らはそれを恐れているのです。つまりそれが害悪の最大のもの
であることを、よく知っているかのようにだ。そしてこれこそ、どうみても、知ら

ないのに、知っていると思っているというので、いまさんざんに悪く言われた無知というものに、ほかならないのではないか。しかしわたしは、諸君よ、その点で、この場合も、たぶん、多くの人々とは違うのだ。だから、わたしのほうが人よりも、何らかの点で、知恵があるということを、もし主張するとなれば、わたしはつまりその、あの世のことについては、よくは知らないから、そのとおりにまた、知らないと思っているという点をあげるだろう。これに対して、不正をなすということ、神でも、人でも、自分よりすぐれている者があるのに、これに服従しないということが、悪であり、醜であるということは、知っている。だから、わたしは、悪だと知っている、これらの悪しきものよりも、ひょっとしたら、善いものかもしれないもののほうを、まず恐れたり、避けたりするようなことは、決してしないだろう。

C　だから、いまアニュトスは、あなたがたに向って、もしわたしが、この裁判で、無罪放免になるようなことがあれば、もうそのときは、あなたがたの息子たちは、ソークラテースの教えていることを、日常のつとめとするようになって、すべての者がすっかり悪くなってしまうだろうと言って、いったんここへわたしを呼び出したからには、わたしを死刑にしないでおくことはできないのであって、もしそうしないのなら、初めっから、こんなところへわたしを呼び出すべきではなかったのだと主張したが、もしいまあなたがたが、アニュトスの言葉を信用しないで、わたしを放免するとしたならば、すなわちアニュトスのいまの言い分を考慮に入れたうえで、わたしにこう言うとしたならば、ソークラテースよ、いまわれわれは、アニュトスの言に従わないで、君を放免することにするが、それには、しかしながら、次のような条件があるのだ。つまりこれまでにして来たような探求生活は、もうしないということ、知を愛し求めることは、もうしないということだ。そしてもし君が、
D 依然としてそのようなことをしているところを押えられる場合には、君は殺されるだろうというわけで、つまりわたしを、いま言ったような、そういう条件で、放免してくれるとしても、わたしは諸君に言うだろう。わたしは、アテーナイ人諸君よ、君たちに対して、切実な愛情をいだいている。しかし、君たちに服するよりは、むしろ神に服するだろう。すなわちわたしの息のつづく限り、わたしにそれができる限り、決して知を愛し求めることを止《や》めないだろう。わたしは、いつ誰に会っても、諸君に勧告し、宣明することを止めないだろう。そしてそのときのわたしの言葉は、いつもの言葉と変りはしない。世にもすぐれた人よ、君はアテーナイという、知力においても、武力においても、最も評判の高い、偉大な国都の人でありながら、た
E だ金銭を、できるだけ多く自分のものにしたいというようなことにだけ気をつかっ

ていて、恥ずかしくはないのか。評判や地位のことは気にしても、思慮や真実は気
にかけず、精神をできるだけすぐれたものにするということにも、気もつかわず、
心配もしていないというのは。と言い、諸君のうちの誰かが、これに異議をさしは
さみ、自分はそれに心を用いていると主張するならば、その者をわたしは、すぐに
は去らしめず、またわたしも立ち去ることをせず、これに問いかけて、しらべたり、
吟味したりするでしょう。そしてその者が、すぐれた精神をもっているように主張
30 しているけれども、実際にはもっていないと、わたしに思われるなら、いちばん大
切なことを、いちばんそまつにし、つまらないことを、不相応に大切にしていると
いって、その者を非難するだろう。このことは、老若《ろうにゃく》を問わず、誰に会っても、わ
たしの行おうとすることであって、よそから来た者にも、この都市の者にも、そう
するだろう。しかしどちらかといえば、この都市の者に対して、よけいにそうする
だろう。あなたがたは、種族的にわたしに近いわけだからね。つまりわたしが、こ
ういうことをしているのは、それが神の命令だからなのだ。この点は、よく承知し
ておいてほしいものです。そしてわたしの信ずるところでは、諸君のために、この
国都のなかで、神に対するわたしのこの奉仕以上に、大きな善は、未《いま》だ一つも行わ
れたことがないのです。つまりわたしが、歩きまわって行なっていることはといえ

Bば、ただ次のことだけなのだ。諸君のうちの若い人にも、年寄りの人にも、誰にで
も、精神ができるだけすぐれたものになるように、随分気をつかわなければならな
いのであって、それよりも先、もしくは同程度にでも、身体や金銭のことを気にし
てはならないと説くわけなのです。そしてそれは、金銭をいくらつんでも、そこか
らすぐれた精神が生れてくるわけではなく、金銭その他のものが、人間のために善
いものとなるのは、公私いずれにおいても、すべては精神のすぐれていることによ
るのだからと言うわけなのです。だから、もしわたしが、こういうことを言うこと
によって、青年たちに悪い影響を及ぼしているのなら、わたしの言うことは、有害
なのかもしれません。しかしこれ以外のことを、わたしが言っていると主張する人
があっても、それは嘘《うそ》です。さあ、アテーナイ人諸君、以上のことをよく考えたう
Cえで、アニュトスの言に従うなり従わないなりしてくださいと、わたしは言いたい。
そしてわたしを放免するにしても、またしないにしても、わたしは、たとえ何度殺
されることになっても、これ以外のことはしないだろうということを、ご承知ねが
いたいのです。

どうか騒がないでいてください、アテーナイ人諸君。どうぞ、わたしが諸君にお

願いしたことを守って、わたしの言うことに、何でもすぐ騒ぎたてるようなことを
しないで、まあ、聞いていてください。そうすれば、聞いてまた、諸君のためにな
ることもあるだろうと、わたしは思うからだ。というのは、本当のところ、これか
らまだ、諸君にお話ししなければならないことが別にあるのだ。それを聞いたら、
たぶん、諸君は怒鳴り出すだろう。しかしどうか、そういうことは一切しないよう
にしていてください。それはつまり、こういうことなのだ。諸君。もしも諸君がわ
たしを殺してしまうなら、わたしはこれからお話しするような人間なのだから、そ
れはわたしの損害であるよりも、むしろあなたがた自身の損害になるほうが、大き
いだろう。というのは、メレートスもアニュトスも、わたしに害を加えるというよ
うなことは、何もできないからです。なぜなら、また彼らはそういうことのできる
D 者でもないだろうからね。というわけは、すぐれた人間が、劣った人間から害を受
けるというようなことは、あるまじきことだと、思うからです。なるほど、たぶん、
死刑にしたり、追放にしたり、公民権を奪ったりすることはできるでしょう。しか
しながら、こういうことは、たぶん、この男に限らず、他の人も、たいへんな災悪
だと思うことなのでしょうが、しかしわたしは、そうは思わないのです。むしろこ
の男が、いましているようなことをするのが、はるかに災悪の大なるものだと思う

のだ。つまり人を、不正な仕方で殺そうと企てることがです。だから、アテーナイ
人諸君、いまのこの弁明も、わたしがわたし自身のためにしているというようなも
のでは、とうていないのであって、むしろ諸君のためなのです。諸君がわたしを有
E 罪処分にして、せっかく神から授けられた贈りものについて、あやまちを犯すこと
のないようにというためなのです。なぜなら、もし諸君がわたしを死刑にしてしま
うならば、またほかにこういう人間を見つけることは、容易ではないでしょう。わ
たしは何のことはない、少し滑稽《こっけい》な言い方になるけれども、神によってこの国都に、
付着させられているものなのだ。それはちょうど、ここに一匹の馬があるとして、
それは素姓のよい、大きな馬なのだが、大きいために、かえって普通よりにぶいと
ころがあって、目をさましているのには、何かあぶのようなものが必要だという、
そういう場合に当るのです。つまり神は、わたしをちょうどそのあぶのようなもの
として、この国都に付着させたのではないかと、わたしには思われるのです。つま
31 りわたしは、あなたがたを目ざめさせるのに、各人一人一人に、どこへでもついて
行って、膝《ひざ》をまじえて、全日、説得したり、非難したりすることを、少しも止めな
いものなのです。だから、こういう人間を、もう一人さがすといっても、諸君よ、
そう容易に諸君には得られないだろう。もし諸君に、わたしの言う意味がわかるな

らば、諸君はわたしを大切にしておかなければならないことになる。しかし諸君は、たぶん、眠りかけているところを起される人たちのように、腹を立てて、アニュトスの言に従い、わたしを叩《たた》いて、軽々《けいけい》に殺してしまうだろう。そしてそれからの一生を、眠りつづけることになるでしょう。もしも神が、諸君のことを心配して、誰かもう一人別の者を、諸君のところへ、もう一度つかわされるのでないならばです。

B ところで、わたしが正に、神によってこの国都に与えられた者であるということについては、次のようなところから、諸君のご理解が得られるかも知れない。すなわちわたしは、すでに多年にわたって、自分自身のことは、一切かえりみることをせず、自分の家のことも、そのままかまわずにおいて、いつも諸君のことをしていたということ、それも私交のかたちで、あたかも父や兄のように、一人一人に接触して、精神を立派にすることに留意せよと説いて来たということは、ただの人間的な行為とは、似ていないからだ。それに、もしもしかしながら、こういうことをして、そこから何か得をしていたとか、報酬をもらって、こういう説教をしていたとかいうのならば、それは何とか説明のつけられることだろう。しかし実際は、諸君も直接に見て、知っておられるように、わたしを訴えた人たちは、わたしを訴えるのに、
C 随分恥しらずな仕方で、他のことは何でも取上げたのだが、さすがにこのことだけ

は、いくら恥しらずなことをするにしても、証人をあげて、訴えることはできなかったのです。つまりわたしが、いつか誰かに対して、報酬を払わせたとか、要求したとかいうことをですね。それはそのはず、わたしのいま言っていることが、本当だということについては、わたしは十分な証拠を出せるからです。つまりそれは、わたしの貧乏です。

たぶん、それにしても、おかしなことだと思われるかもしれない。わたしが、私交のかたちでは、いまお話ししたようなことを勧告して廻り、よけいなおせっかいをしていながら、公には、大衆の前にあらわれて、諸君のなすべきことを、国民全体に勧告することを敢《あ》えてしないというのは、奇妙だと思われるかもしれません。しかしこれには、わけがあるのです。それはわたしから、諸君は度々その話を聞か
D れたでしょうが、わたしには、何か神からの知らせとか、鬼神《ダイモーン》からの合図とかいったようなものが、よく起るのです。それは、メレートスも、訴状のなかに、茶化して書いておいたものです。これはわたしには、子供のときから始まったもので、一種の声となってあらわれるのであって、それがあらわれるときは、いつでも、わたしが何かをしようとしているときに、それをわたしにさし止めるのであって、何か

をなせとすすめることは、いかなる場合にもない。そして正にこのものが、わたし
に対して、国政にたずさわることに、反対しているわけなのだ。そしてそれが反対
するというのは、十分うなずけることだと、わたしには思われるのだ。なぜなら、
いいかね、アテーナイ人諸君、もしわたしが、以前から、国政上のごたごたにたず
さわることを企てたとしたならば、わたしはとっくに身を滅ぼし、あなたがたのた
E めにも、わたし自身のためにも、何ら益することがなかっただろう。そしてどうか、
わたしが本当のことを言うのに、腹を立てないでください。というのは、諸君なり、
あるいは他の大多数の人たちなりに、正直一途《いちず》の反対をして、多くの不正や違法が、
32 国家社会のうちに行われるのを、どこまでも妨害しようとするならば、人間誰も身
を全うする者はないだろう。むしろ本当に正義のために戦おうとする者は、それで
少しの間でも、身を全うしていようとするならば、私人としてあることが必要なの
であって、公人として行動すべきではないのです。

そして、これの有力な証拠となるものを、わたしから諸君に、提出するとしよう。それは単なる言葉ではなくて、諸君の尊重されるもの、すなわち事実なのだ。それでは、さあ、聞いてください。わたしが話すのは、わたしの一身上の出来事なので

す。これを諸君が聞かれるなら、わたしが死を恐れて、正義に反した譲歩を行うというようなことは、いかなる人に対してもあり得ないだろうということと、しかし、もし譲歩しなければ、同時に*身を滅ぼすことになるだろうということとを知られるだろう。わたしのこれからお話ししようとすることは、法廷でよく聞かれる俗っぽいことがらなのだけれども、しかし事実は事実なのです。それはつまり、アテーナ
B イ人諸君、わたしはこれまで、ほかに未《いま》だかつて公職についたことはないのですが、ただ国政審議会（一六）の一員となったことがあるのです。そしてちょうどわたしの属するアンチオキス区が、その執行部（一七）となったときに、あなたがたは十人の軍事委員を、あの海戦で漂流者を救出しなかったというので、一括して裁判に付することを議決したのです（一八）。しかしそれは、後になって諸君のすべてが認められたように、違法の措置だったのです。そのときはしかし、執行部の委員のなかで、わたし一人だけが、あなたがたに反対して、いかなる違法をも行わせまいとし、投票も反対投票をしたのです。そして議員たちが、わたしをいまにも告発し、逮捕させようとし、諸君もそうしろといって、怒鳴りたてているなかで、わたしは拘禁や死刑を恐れて、正し
C くない提案をしている諸君の仲間となるよりは、むしろ法律と正義に組して、あらゆる危険を冒さなければならないと思っていたのです。

そしてこれは、未だ国家が民主制のもとにあったときのことなのですが、寡頭《かとう》政
治が行われるようになったときには、また今度は、例の三十人の革命委員(一九)が、わた
しを他の四人と共に、彼らの本部があった円堂《トロス》(二〇)へ呼び出して、サラミースの人レオ
ーン(二一)を殺すために、サラミースへ行って、連れて来るようにと命令したのです。こ
れに似たようなことは、彼らが他の多くの人たちに対しても、いろいろ命令してい
D たことなのでして、それはできるだけ多くの人間を、自分たちの犯行に連坐《れんざ》させよ
うとする魂胆から出たものなのです。そのときは、しかしわたしは、言葉によって
ではなくて、行動によって、もう一度こういうことを示したのです。つまりわたし
には、死はちっとも——と言って、乱暴すぎる言い方にならないのなら——気にな
らないが、不正不義は決して行わないということ、このことにはあらゆる注意を払
っているということです。つまり当時の支配者たちは、あれほど強力なものでした
が、わたしをおどかして、不正を行わせることはできなかったのです。わたしたち
が本部の円堂を退出したとき、他の四人は、サラミースへ行って、レオーンを連れ
て来ましたが、わたしは家へ帰って来てしまったのです。そしてもし当時の政権が、
E すぐに崩壊しなかったなら、たぶんわたしは、いまお話ししたことのゆえに、殺さ
れたでしょう。このことについても、諸君に証言する人は、たくさんいるはずです。

——（証人の証言あり）——

そうすると、もしわたしが、公の仕事に従事するとして、よき人にふさわしい仕
方で、これに従事して、正義に助勢し、また当然そうあるべきように、このことを
いちばん大切にしたとするならば、わたしはこの年まで生きのびることができたで
あろうと、そもそも諸君は考えられるだろうか。それはとても、とてもできること
33 ではないのだ、アテーナイ人諸君。それは世界じゅう、他の何びとにもできること
ではないだろう。しかしとにかく、わたしという人間は、全生涯を通じて、公にも
し何かをなしたとしても、このような者であることが明らかにされるだろうし、私
生活においても、この同じ人間としてあるだろう。つまりわたしは、正義に反する
ことは、何ごとでも、未だかつて何びとにも譲歩したことはないのであって、わた
しを中傷する人たちが、わたしの弟子だと言っている者ども(二二)の、何びとに対しても、
また譲歩したことはないのです。

なおまた、わたしは、未だかつて何びとの師となったこともありません。しかし誰か、わたしの本業としての、わたしの話を聞きたいという人があるなら、老若《ろうにゃく》を

問わず、その何びとにも、聞かせることを惜しんだことは、未だかつてありません。
Bまた金銭をもらえば、問答に応ずるけれども、もらわなければ、応じないというよ
うなことはしないで、金持からも、貧乏人からも同じように、質問を受けることに
しているのであって、またもし希望があれば、何でもわたしの言おうとしているこ
とについては、答え手になって、聞いてもらうことにしているのです。そしてそれ
らの人たちについて、わたしは、誰がよくなろうと、またなるまいと、未だ誰にも、
何の知識を授ける約束もしたことはなし、また実際に教えたこともないのだとすれ
ば、責任を負う筋はないということになるでしょう。またもし誰かが、わたしのと
ころから、ほかの誰でも聞いているのとは、違う何か別のものを、個人的に教えて
もらったとか、聞いたとか言っても、いいですか、諸君、それの言うことは、本当
ではないのです。

　しかし、それなら、好んでわたしと一緒に、永い時間を過す者があるのは、いっ
Cたい、どうしてなのだろうか。そのわけは、すでに聞かれたとおりだ、アテーナイ
人諸君。わたしは諸君に、その真実をすべてお話ししたはずだ。つまり彼らは、知
恵があると思っている人が、しらべられて、そうでないことになるのを、聞いてい

るのが、おもしろいからなのだ。たしかに、おもしろくないことはないからね。しかし、わたしにとっては、それは、わたしの主張では、神によって、なせと命じられたことなのだ。それは神託によっても伝えられたし、夢知らせによっても伝えられた。また何かほかに、神の決定で、人間に対して、まあ何であれ、何かをなすことが命ぜられる場合の、あらゆる伝達の方法がとられたのだ。以上、わたしの話して来たことは、アテーナイ人諸君よ、真実なのだ。またその真偽を、吟味することも容易なのだ。というのは、もし本当にわたしが、青年に害悪を与えているとか、
D
与えたとかいうのであれば、それらの者のうちには、年が長じてから、自分の若いときに、わたしから、何か悪いことを勧められたことがあるのに、気がつく者もあるわけで、もしそういう者があるなら、このいまの機会に、自分でこの場に現われて、わたしを告訴して、仕返しをしなければならないはずだ。また自分は欲しなくても、その者の家人の誰かが、つまり父親なり、兄弟なり、ほかの親類縁者に当る者なりが、自分の家の者が、わたしのために、何か害悪を受けたのであれば、それをいま持ち出して、仕返しをしなければならんはずだと思う。何にしても、ここには、わたしの見るところでは、そういう者がたくさん来ている。まずあそこには、クリトーン(二三)がいる。わたしと同年、同区の者で、ここにいるクリトブーロスの父親

E になるわけです。その次には、スペーットス区のリューサニアースがいる。ここに
いるアイスキネース(二四)の父なのです。更にまた、そこにはケーピーソス区のアンチポ
ーンがいるが、これはエピゲネース(二四)の父親です。それから、ほかには、兄弟がいま
お話ししたような、わたしの問答仲間だった者が、来ています。テオドトスの兄弟
では、テオゾチデースのところのニコストラトスが来ていますが、テオドトスはも
う亡《な》くなってしまっているから、兄弟の彼に頼みこんで、証言をやめさせるような
ことはなかったはずです。またデーモドコスのところのパラリオスが、ここにいる
けれど、テアゲース(二五)は、これの兄弟だったのです。またここには、アリストーンの
34 子のアデイマントスがいるが、これの兄弟がそこにいるプラトーン(二六)なのです。また
アイアントドーロスも来ているが、ここにいるアポロドーロス(二七)は、あれの兄弟なの
です。そしてほかにも、わたしは諸君に、たくさんの名をあげることができます。
そしてそのうちの誰かを、メレートスは、自分の弁論の最中に、証人として出すの
が、いちばん得策だったはずなのです。もしあのときは忘れたのなら、いま出した
ら、よい。わたしは、発言の権利を譲るから、彼に何かそうしたものがあるなら、
言ってもらいたいものだ。しかし実際は、諸君、まるでその正反対なのを見られる
でしょう。これらの者は、誰もみなわたしを助けるつもりで来ているのです。その

わたしは、メレートスやアニュトスの主張では、彼らに害悪を及ぼし、彼らの家人B に対して悪をはたらいた者のはずなのです。つまり害悪を受けてしまった者が、助けに来るのなら、本人には、たぶん、それだけの理由があるかもしれません。しかし害悪を受けなかった人たち、既に年も長じている人たち、彼らの親類になる人たちは、他にいかなる理由があって、わたしを助けようとしているのでしょうか。それはただ、メレートスのは虚偽であり、わたしのは真実であるというのを、直接によく知っているからという、正当でもあり、正義にもかなう理由によるのではないでしょうか。

――（証人の証言が行われる）――

さあ、それでは、諸君、これはこれでよいということにしよう。わたしに弁明できることといえば、まあ、大体は、以上でつきているわけで、これ以上やっても、C たぶん、これと同じようなことになるだろう。しかしおそらく、諸君のうちには、自分自身の場合を思い出して、これに不満な人もいるかも知れない。自分はこれよりも小さな訴訟事件の当事者であったときにも、多くの涙を流し、できるだけ多くの同情をかち得るために、自分の子供を登場させ、またほかに家人や友人にも、多数出てもらって、裁判する諸君に哀訴嘆願したのに、わたしはと見れば、そういうことを一つもしようとしないではないか、しかも非常に危険な立場にいる――と思われる――のに、そんなことではいけない、というわけだ。だから、そういう点が念頭にあるために、わたしに対する気持が硬化して、正にそのことへの腹立ちから、
D 腹立ちまぎれに投票するというような、人も出て来るかもしれない。もし果して、諸君のうちに、こういう気持でいる人があるとしたならば――といっても、わたしは求めて、そう考えようとしているわけではないから――とにかく、もしそういう人があるとしたならば、わたしはそういう人に対して、こういうふうに言ったら、よいのではないかと思う。わたしには、君よ、家族の者も幾人かいます。なぜなら、この場合も、ホメーロスの言葉が、そのまま当てはまる。わたしも『木石から生れた者ではなく(二八)』て、人間から生れた者なのだ。だから、わたしの家族の者もいるわけで、しかも息子が、アテーナイ人諸君、三人いる。一人は既に青年だけれども二人は小さな子供なのだ(二九)。しかしそれでも、わたしは彼らの一人をも、ここへ登場させないでしょう。それによって、わたしを無罪にするための投票を、諸君にお願いするようなことはしないだろう。それなら、いったい何ゆえに、わたしはそういう

E ことを一つもしようとしないのか。それは、アテーナイ人諸君、わたしの強情のた
めでもなければ、また諸君を軽蔑《けいべつ》しているからでもない。わたしが死に直面して、
びくともしない気持でいるか、否《いな》かは別問題として、とにかく、わたしのためにも、
諸君のためにも、また国家全体のためにも、外聞というものを考えてみると、わた
しという人間が、この年で、しかも、まあ、嘘《うそ》にせよ、本当にせよ、ああいう名前
をもっていながら、いまお話ししたようなことをするのは、見よいものではないと、
わたしには思われるのだ。とにかく、いずれにしても、ソークラテースという人間
が、大多数の人間よりも、何かの点で違っているということは、既にきまりきった
35 ことのようにして考えられているのだからね。それで、もし諸君のうちで、知恵と
か、勇気とか、あるいは他の何らかの徳において、傑出していると思われている者
が、いまお話ししたようなていたらくであろうなら、それは醜態というものだろう。
ところが、正にそのようなていたらくの人を、しばしばわたしは見たのだ。いざ裁
判にかけられるとなると、それまでは一かどの人物と思われていた者が、あきれる
ようなことをするのだ。まるでもし諸君が、彼らを死刑にさえしなければ、いつま
でも死ぬことはないかのように、死刑になることを、たいへんな目にあうことだと
考えているらしいのだ。こういう連中は、国家に恥辱をぬりつけるものであると、

わたしには思われる。だから、外国から来た者のうちにも、こう考える人が出てく
B るだろう。アテーナイ人で、すぐれたところのある、傑出した人物というのが、直接彼らの間で、特に選ばれて国家の要職、その他の名誉ある地位についているが、これらの人物は、婦女子と少しも異なるところがないではないかというのです。なぜなら、アテーナイ人諸君よ、こういうことは、われわれが、*何か少しでも外に聞えるところのある者だとしたならば、してはならないことなのだ。また諸君も、われわれがこれをした場合に、われわれのするままにしておいてはならないのだ。むしろあなたがたは、その場合はっきり示さなければならないことがあるのです。それはつまり、こんな哀れっぽい芝居をして、国家を物笑いの種にするような者は、そうでなくて、平然としている者よりも、むしろずっと多く、有罪処分にするぞという、ちょうどそのことをです。

また、外聞のことは、諸君よ、しばらくおくとしても、裁判する者に頼みこむと
C か、頼んで無罪にしてもらうとかいうことは、正しいことではないと、わたしは思うのであって、むしろ教えて、説得すべきものと考えるのだ。なぜなら、裁判官という者は何のために、そこへ坐《すわ》っているのかといえば、それは正邪を判別するため

であって、それを依怙《えこ》の沙汰《さた》とするためではない。また彼は、自分の気に入った者
を依怙ひいきすることなく、法律に従って裁判すべきことを誓ったのだ。だから、
われわれも諸君に、誓いを破るような習慣をつけさせるべきではないし、諸君もま
た、自分でそういう習慣をつけてはならないのです。なぜなら、それによって、わ
れわれはどちらも、神を敬ってはいないということになるだろうから。このゆえに、
アテーナイ人諸君よ、諸君のわたしに対する要求は、わたしが見よいことども、正
D しいことども、神意にかなうことども考えていないようなことを、諸君に対して行
うべしとするようなものであってはならないのです。特にまたゼウスに誓って、わ
たしはこのメレートスによって、不敬の罪を問われているのですから、どうか、そ
ういうことのないようにしてください。なぜなら、もしわたしが諸君を説いて、せ
っかく誓いをたてているのに、頼みこんで、無理をさせるとするならば、それは明
らかに、神の存在を信じないように、諸君を教えたことになり、わたしは、何のこ
とはない、弁明に立っていながら、自分自身を、神々を認めないものとして、告発
していることになるでしょう。しかしそういうことは、とてもあり得ないことなの
です。なぜなら、わたしは神を信じているのです。アテーナイ人諸君、わたしを訴
えている人の誰も、比べものにならないくらいに、信じているのです。そしてどう

すれば、わたしのためにも、諸君のためにもいちばんよいことになるかということを、わたしについて判決することは、諸君に一任すると共に、これを神に委《ゆだ》ねているのです。

――（有罪か無罪かの決定が投票によって行われる）――

E　さて、アテーナイ人諸君、わたしを諸君が有罪と票決した、この結果に対して憤
36 慨しないというのは、これには他にもいろいろ、わたしなりの理由はあるが、何よ
りも、この結果は、わたしには意外ではなかったのだ。それよりはむしろ、双方の
投票の結果出てきた数に、大いに驚いているのだ。というのは、わたしはそれが、
こんなわずかの差ではなくて、もっと大きな差になるものと思っていたからだ。と
ころが、今の模様では、ただの三十票だけでも、反対の側へ行けば、わたしは無罪
になっていただろう。かくて、メレートスに対しては、いまもわたしは、全くの無
罪放免であると信じている。否、単に無罪放免であるというばかりでなく、もしア
ニュトスやリュコーンが、わたしを訴えるために登場しなかったとしたら、かれは
B 投票の五分の一を獲得できないで、更にまた、一千ドラクマの罰金をとられること

になっていただろう。とにかく、このことは、何びとにも明らかなことだ。

――(有罪決定の後、次には刑量を決めるために、もう一度被告の申立てが行われる)――

さて、ところで、この男はわたしに対して、死刑を求刑している。よろしい。それなら、これに対してわたしは、いかなる刑を申出るべきだろうか。アテーナイ人諸君。無論、至当のそれでなければならない。では、それは何か。わたしは一生を、おとなしくしてはいなかったというので、何の刑を受け、何のつぐないをしたら、至当だということになるのだろうか。わたしはしかし、大多数の人たちとは異なり、銭を儲《もう》けるとか、家事をみるとか、あるいは、軍隊の指揮や民衆への呼びかけに活動するとか、その他にも、官職につくとか、また徒党を組んで、騒動を起すとかいう、いまの国家社会に行われていることには、関心を持たなかったが、それはそういうことに入って行って、身を全うするのには、自分は本当のところ、善良すぎると考えたからなのだ。それで、そこへ入って行っても、あなたがたのためにも、わたし自身のためにも、なんの利益もあるはずのないようなところへは、わたしは行かないで、最大の親切とわたしが自負するところのものを、そこへ行けば、各人に個人的につくすことになるような、そういうところへ赴いたのです。つまりあなたがたの一人一人をつかまえて、自分自身が、できるだけすぐれた者となり、思慮ある者となるように気をつけて、自分にとっての付属物となるだけのものを、決してそれに優先して気づかうようなことをしてはならないし、また国家社会のことも、それに付属するだけのものを、そのもの自体よりも先にすることなく、その他のこ
D とも、これと同じ仕方で、気づかうようにと、説得することを試みていたのだ。すると、このようなことをしてきたわたしは、何を受けるのが至当なのだろうか。何かよいことをでなければならない。アテーナイ人諸君、もしも本当に、至当の評価を受くべきものだとすればです。しかもそれは、わたしに適当するような、そうした善いものでなければなりません。それなら、何が適当するだろうか。諸君に親切をつくしたその男は、貧乏人であり、しかもいま諸君を説き励ますのに、時間の余裕を必要としているのです。およそ、アテーナイ人諸君、この者がこのような事情にあるとすれば、市の迎賓館《プリユタネイオン》において給食(三〇)を受けるほど、適当なことはない。それはオリュムピアの競技で、諸君の誰かが、一頭もしくは二頭、四頭の馬で勝利を得た場合に、そうされるよりも、ずっと適切なことなのだ。なぜなら、その人は諸君

を、ただ幸福だと思われるようにするだけだが、わたしは幸福であるようにしてい
E るのだから。しかも、馬を出場させるような人は、何も給食を必要としないけれど
も、わたしは必要とするのです。だから、わたしが正義に従って、至当の評価で自
37 分の受けなければならぬものを申出るべきだとするならば、これがわたしの申出る
科料だ。すなわち市の迎賓館における食事。

そうすると、たぶん、あなたがたには、わたしがこういうことを言うのも、さっ
き哀訴嘆願について語ったときと同じように、意地を張って、こんなことを言って
いるのだと思われるだろう。しかしそれは、アテーナイ人諸君、そうではなくて、
むしろこうなのです。わたしの確信では、世の何びとに対しても、わたしは故意に、
不正を加え、罪を犯すようなことはしていないのだ。ただその点を、あなたがたに、
なかなか納得してもらえないでいるのです。これはおたがいに話し合えた時間が、
B わずかしかなかったからだ。というのは、わたしの考えでは、もしあなたがたの法
律が、他の国でも見られるように、死刑の裁判は、ただの一日でするのではなくて、
幾日もかけることになっていたなら、あなたがたの納得も得られたことだろう。し
かしいまは、わずかの時間で、重大な中傷を解こうとするのだから、容易なことで

はありません。かくて、わたしの確信では、何びとにも不正を加えることはしていないのだから、自分自身について、自分のほうから、何かの害悪を受けるのが当然であると言って、自分自身のために、何かそういう科料を申出て、自分自身に不正を加えようとすることは、わたしの思いもよらぬことなのだ。いったい何を恐れて、そんなことをしなければならないのか。メレートスがわたしに求刑しているところのものを、そもそも受けないがためだろうか。それはしかし、善いものなのか、悪いものなのか、わたしは知らないと言っているものなのです。それなのに、そういうものの代りに、それが悪であることをよく知っているものの何かを、わたしは取らなければならないのだろうか。そういうものを、わたしの科料として申出なけれ
C ばならないのだろうか。拘留の申出では、どうか。そうすれば、わたしは刑務所のなかで、その時々に、その任につく、十一人の役人の奴隷《どれい》となって、生きて行かなければならないが、何のためにそんなことをしなければならないのだろうか。むしろ罰金を申出て、それを払いきるまで、拘留されるというのは、どうか。しかしそれは、わたしにとっては、いま話していたことと同じです。なぜなら、その支払いをする、お金がわたしにはないからだ。いや、それなら、国外追放の刑を申出ようか。たぶん、諸君がわたしのために裁定される刑は、これになるかもしれません。

しかしながら、きっとわたしは、よほど命が惜しいのでなければ、そんな筋道の立
たない考え方はしないだろう。それではわたしは、こういうことを考える能力がな
D いことになるだろう。あなたがたは、わたしの同市民だけれども、わたしが日常し
ていること、特にその言論を、我慢することができなくなっており、それは諸君に
とって、益々《ますます》堪えがたく、嫌悪《けんお》すべきものとなってしまい、いまはそれから解放さ
れることを、諸君は求めているのであるが、外国の者なら、どうだね、それをたや
すく我慢してくれるだろうか。とても、とても、そんなことはあり得ないのだ。ア
テーナイ人諸君。そうだとすれば、わたしの生活は、結構なことになるだろう。こ
の年で、外国追放になって、一国から他国へと、追い出されては、住む国を取りか
えながら生きて行く生活というものはね。というのは、わたしはよく知っているの
だ。どこへわたしが行こうとも、わたしの言論を、常連として聞いてくれるのは、
ここと同様、青年たちだろう。そしてもしわたしが、彼らを追い払うならば、彼ら
E のほうがこんどは、年長者を説いて、わたしを追い出すことになるだろう。しかし
また追い払わなければ、彼らの父親や家人が、正にその青年たちのゆえに、わたし
を追い出すだろう。

そうすると、たぶん、こう言う人があるかもしれない。ソークラテースよ、君は
われわれのところを退去したら、どうか沈黙を守って、おとなしく生きて行っても
らえないだろうかとね。ところが、これこそ、あなたがたの誰かを納得させるのに、
何よりも困難なことなのだ。なぜなら、そうすることは、神に対する不服従である
38 から、そのゆえに、おとなしくしていることはできないのだと、わたしが言っても、
諸君はわたしが空とぼけているのだと考えて、わたしの言うことを信じないだろう。
また更に、徳その他のことがらについて、わたしが問答しながら自他の吟味をして
いるのを諸君は聞いておられるわけだが、これらについて毎日談論するというのが、
これが人間にとっては最大の善なのであって、吟味のない生活というものは、人間
の生きる生活ではないと言っても、わたしがこう言うのを、諸君はなおさら信じな
いであろう。しかしそのことは、正にわたしの言うとおりなのだ、諸君。ただそれ
を信じさせることが、容易でないのだ。

　また同時に、わたしとしては、自分がどのような害悪でも、悪を受けるのが当然
だと考えるようなことには、少しも慣れてはいないのだ。というのは、もしわたし
B にお金があったなら、わたしの払おうと思う金額を、科料として申出ただろう。わ
たしには、実害は何もないだろうからね。しかしいまは、ちがう。そういうお金は

ないのだからね。もっとも、わたしが払ってしまえるくらいの金額を、わたしの科料として、諸君が裁定してやろうというのなら、話は別だ。そしてたぶん、銀一ムナーなら、諸君にお払いすることができるだろう。それでは、この金額の科料を、わたしは申出ることにする。いや、しかしプラトーンが、いまここへ来て、アテーナイ人諸君よ、クリトーン、クリトブーロス、アポロドーロスなどと共に、三十ムナーの科料を申出るように言っている。自分たちが、それの保証に立つというのだ。それでは、その金額をわたしは申出ることにする。その銀子《ぎんす》の、諸君に対する保証人には、この人たちがなるだろう。十分信用できる人たちです。

——(刑量の票決が行われる)——

C わずかばかりの時間のことで、アテーナイ人諸君よ、諸君は悪名を得、とがめを受けるだろう。この国の人間を悪く言おうとする者にとって、あなたがたは知者のソークラテースを殺したというので、非難されるだろう。無論、知者だということは、たといわたしがそうでなくても、あなたがたの非をとがめだてようとする意図から、彼らはそう主張するだろうからね。とにかく、もう少しの間待てば、諸君の

望む結果が、ひとりでに得られただろうにね。なぜなら、ほら、諸君の見られると
おり、わたしの年齢は、生を既に遠くまで来ていて、死に近づいているのだ。しか
D し、わたしがこう言っているのは、あなたがた全部に対してではない。ただわたし
の死を票決した人たちに言っているのだ。そしてもう一つ次のことを、同じその諸
君に言いたい。諸君よ、諸君はたぶん、わたしの敗訴になったのは、言葉に窮した
からだと考えているだろう。つまりわたしが、どんなことでも言い、どんなことで
も行なって、無罪放免にならなければならないと思ったなら、それを用いて諸君を
説得したかも知れないような、そういう種類の言葉の不足から、わたしは敗れたの
だというのです。とんでもない。わたしが敗訴になったのは、不足は不足でも、言
葉のそれではなくて、厚顔と無恥の不足したためなのだ。つまり諸君が聞くのを最
も好むようなことを、諸君に向って言うつもりになれなかったからなのだ。諸君が
求めていたのは、わたしが泣いたり、わめいたりすることであり、その他いろいろ、
E わたしにふさわしくないようなこと――だと、わたしは主張するのであるが、そう
いうこと――を行なったり、言ったりすることなのであって、それこそまた諸君が、
他の人間から聞き慣れていることなのだ。しかしながら、さきほどもわたしは、危
険があるからといって、いやしい行いをするということは、一つもあってはならな

いことだと思っていたが、いまもまた、いまのようなやり方で弁明を行なったこと
を、後悔はしていません。むしろ人々のやり方をして生きているよりも、いまのや
り方で弁明を行なって、その結果死ぬようなことになったとしても、むしろそのほ
うをずっとましだと思っている。なぜなら、裁判の場合にしても、戦争の場合でも、
39 わたしに限らず、他の誰でも、死をまぬがれるためには、何でもやるというような、
そういう工夫は、なすべきものではないからだ。というのは、戦場においても、た
だ死だけをまぬかれるというのならば、武器をすてて、追手の情けにすがれば、で
きるということが、いく度も明らかにされているからだ。そしてほかにも、危険の
それぞれに応じて、敢《あ》えて何でも行い、何でも言うとなれば、死をまぬかれる工夫
は、たくさんある。いや、むずかしいのは、そういうことではないでしょう、諸君、
死をまぬかれるということではないでしょう。むしろ下劣をまぬかれるほうが、ず
B っとむずかしい。なぜなら、そのほうが、死よりも足が早いからだ。だからいまも、
わたしは年とって、足がのろいから、のろいほうの死に負かされたけれども、わた
しを訴えた人たちは、鋭利敏速の士だから、早いほうの、邪悪というものに負かさ
れたのだ。だからいまも、わたしはあなたがたから、死の刑罰を負わされて、この
場を立ち去ろうとしているが、この諸君は、真実というものによって、凶悪と不正

の刑を負わされて、ここから出て行くのです。わたしも、この裁定に服するが、この諸君もまた、そうすべきである、しかしこれらのことは、たぶん、おそらくこうならなければならなかったのだろう。わたしも、これで結構だと思っている。

C　さて、それでは、次には、わたしに有罪の投票をした諸君よ、諸君のために予言
をしておきたいと思う。なぜなら、わたしもいま既に、人間が最もよく予言すると
きにあるからだ。つまり正に死なんとするときにあたっているのです。わたしの言
うことは、すなわちこういうことだ。諸君よ、諸君はわたしの死を決定したが、そ
のわたしの死後、間もなく諸君に懲罰が下されるだろう。それは諸君がわたしを死
刑にしたのよりも、ゼウスに誓って、もっとずっとつらい刑罰となるだろう。なぜ
なら、いま諸君がこういうことをしたのは、生活の吟味を受けることから、解放さ
れたいと思ったからだろう。しかし実際の結果は、わたしの主張を言わせてもらえ
D ば、多くはその反対となるだろう。諸君を吟味にかける人間は、もっと多くなるだ
ろう。彼らをいままでわたしが引きとめていたので、諸君は気づかないでいたわけ
なのだ。そして彼らは、若いから、それだけまた手ごわく、諸君もまたそれだけ、
つらい思いをすることになるだろう。というのは、もし諸君が、人を殺すことによ

って、諸君の生き方の正しくないことを、人が非難するのを止《や》めさせようと思っているのなら、それはいい考えではない。なぜなら、そういう仕方で片づけるということは、立派なことでもないし、また完全にできることでもないのだ。むしろ他人を押えつけるよりも、自分自身を、できるだけ善い人になるようにするほうが、はるかに立派で、ずっと容易なやり方なのだ。さて、以上が、わたしに死刑の投票をした諸君に対する、わたしの予言なのであって、これでもうお別れだ。

E　しかしながら、わたしに無罪の投票をしてくれた諸君とは、いまここで起ったこ
とがらについて、しばらく話し合いたいと思う。しばらくの間は、役人たちも事務
上の仕事があって、わたしもわたしの死に場所へは、まだ行けないのです。まあ、
とにかく、どうか、諸君、その間だけ、ここにいてください。というのは、許され
40 た時間中は、おたがいに心おきなく語り合うのに、何のさしつかえもないからです。
というのは、諸君をわたしの実の友だちとして、いまのわたしの一身上の出来事が、
いったい何を意味するのかということを、わかってもらえるようにしたいと思うか
らだ。

それはつまり、裁判官諸君――というのは、諸君こそわたしが、正しい呼び方で、

裁判官と呼べる人たちなのだ――わたしに妙なことが起ったのです。というのは、
わたしにいつも起る例の神のお告げというものは、*これまでの全生涯を通じて、い
つもたいへん数しげくあらわれて、ごく瑣《さ》細《さい》なことについても、わたしの行おうと
していることが、当を得ていない場合には、反対したものなのです。ところが今度、
わたしの身に起ったことは、諸君も親しく見て、知ってられるとおりのことなので
B あって、これこそ災悪の最大なるものと、人が考えるかも知れないことであり、一
般にはそう認められていることなのです。ところが、そのわたしに対して、朝、家
を出て来るときにも、神の例の合図は、反対しなかった。また、この法廷にやって
来て、この発言台に立とうとしたときにも、反対しなかったし、弁論の途中でも、
わたしが何かを言おうとしている、どのような場合にも、反対しなかったのです。
ところが、他の場合には、話をしていると、それこそほうぼうで、わたしの話を、
それは途中からさし止めたものなのです。ところが今度は、いまの事件に関する限
り、行動においても、言論においても、わたしは反対を受けないでしまったのだ。
それなら、何が原因なのだろうか。わたしの考えていることを、あなたがたにわた
C しはお話ししよう。つまり今度の出来事は、どうもわたしにとっては、善いことだ
ったらしい。そしてもしわれわれが、死ぬことを災悪だと思っているのなら、そう

いうわれわれすべての考えは、どうしても正しくはないのです。何よりも、わたしの身に起ったことが、それの大きな証拠です。なぜなら、例の神の合図が、わたしに反対しなかったということは、わたしのこれからしようとしていたことが、何かわたしのために善いものではなかったなら、どんなにしても、起り得ないことだったのです。

しかし、考えてみようではないか。それが善いものだということは、またこう考
えてみても、大いに期待できることなのです。つまり死ぬということは、次の二つ
のうちの一つなのだ。あるいは、全くの無といったようなもので、死者は何も少し
も感じないのか、あるいは、言い伝えにあるように、それはたましいにとって、こ
の場所から他の場所へと、ちょうど場所をとりかえて、住居を移すようなことに
D なるかなのです。そしてもしそれが、何の感覚もなくなることであって、人が寝て、
夢一つ見ないような場合の、眠りの如《ごと》きものであるとしたならば、死とは、びっく
りするほどの儲《もう》けものであるということになるだろう。なぜなら、わたしの思うに、
もし人が夢も見ないくらいに熟睡した夜を選び出して、その夜に並べて、自分の全
生涯の、それ以外の昼と夜とをおき、これを比較対照するかたちで観察して、この

夜よりも、もっとよく、もっと楽しく生きた昼と夜とが、自分の生涯のうちに、どれだけあったかを言わなければならないとしたら、思うに、普通の人は無論のこと、
E ペルシア大王といえども、そういう昼夜が、そうでない昼夜に比べて、ごく数えるほどしかないことを発見するだろう。だから、死がもしこのようなものであるとしたならば、それは儲けものであると、わたしは言うのです。なぜなら、その全時間は、このような事情にあっては、ただの一夜よりも、少しも永いことはないようにも見られるからです。また他方、死というものが、ここから他の場所へ、旅に出るようなものであって、人は死ねば、誰でもかしこへ行くという、言い伝えが本当だとするならば、これよりも大きい、どんな善いことがあるでしょうか、裁判官諸君。
41 なぜなら、人はハーデースの住居に行きつけば、この世の自称裁判官たちから解放されて、本物の裁判官が見られるというのであれば(三一)、すなわちミーノースとか、ラダマンチュスとか、アイアコスとか、トリプトレモスとか、その他、その生涯において正義の士であった半神たちが、ちょうどまた、かの世で裁判をしていると言われているのですが、もしそうなら、この道行《みちゆき》は、果してつまらないということになるだろうか。あるいはまた、オルペウスやムーサイオス(三二)、ヘーシオドスやホメーロスなどと一緒になることを、諸君のうちには、どんなに多くを払っても、受容《うけい》れた

いとする人があるのではないだろうか。というのは、わたしは、いま言われたこと
B がもし本当なら、何度死んでもいいと思っているからです。わたし自身にも、そこ
の暮しは、すばらしいことになるでしょうからね。パラメーデースとか、テラモー
ンの子アイアース（三三）とか、その他、昔の人で、不正の判決を受けて、殺された人に出
会うような場合に、わたし自身の経験と、彼らの身の上とを比べてみるとしたら、
それはまんざら愉快でないこともないでしょう。またそのうえ、最大の楽しみとし
ては、かの世の人たちを、この世の者と同様に、誰が彼らのうちの知者であり、誰
が知者とは思ってはいるが、そうではないのかと、吟味し、探査して暮すというこ
C とがあるのだ。また、かのトロイアへ大軍を率いて行った人とか、あるいはオデュ
ッセウスとか、シーシュポス（三四）とか、あるいは、ほかにも、無数の男女の名をあげる
ことができるでしょうが、そういう人たちを、もし吟味できるということになった
ならば、そのためには、どれだけの報酬を支払ってもという人が出てくるのではな
いでしょうか。それらの人たちと、かの世において、問答し、親しく交わり、吟味
するということは、はかり知れない幸福となるでしょう。何にしても、そのために
死刑にするというようなことは、かの世の人たちは、きっとしないでしょう。とい
うのは、ほかの点でも、かの世の人は、この世の者に比べて、もっと幸福にしてい

るのですが、特にまた、その後生においては、もし言い伝えが本当だとすれば、彼らは既に不死なのですからね。

しかしながら、諸君にも、裁判官諸君、死というものに対して、よい希望を持っ
D てもらわなければなりません。そして善き人には、生きているときも、死んでからも、悪《あ》しきことは一つもないのであって、その人は、何と取組んでいても、神々の配慮を受けないということは、ないのだという、この一事を、真実のこととして、心にとめておいてもらわなければなりません。わたしのこのことも、いわれなしに、いま生じたのではありません。もう死んで、面倒から解放されたほうが、わたしのためには、むしろよかったのだということが、わたしには、はっきり分るのです。このゆえにまた、例の神の合図も、わたしを何処《どこ》においても、阻止しなかったのです。またわたしとしても、わたしに有罪の投票をした人たちや、わたしを訴えた人たちに対して、ひどく怒る気持もないわけなのです。もっとも、あの人たちは、別にそういうことを考えて、わたしを訴えたり、有罪にきめたりしたわけではなくて、
E むしろ害を加えるつもりだったのだから、その点において、当然かれらは、非難されなければならないが。

とはいえ、わたしがかの人たちに求めるのは、ただこれだけのことだ。わたしの息子たちが、成人したら、どうか、諸君、わたしが諸君を苦しめていたのと、同じことで苦しめて、仕返しをしてくれたまえ。もし彼らが、自己自身をよくすることよりも、金銭その他のことを、まず先に注意しているように、諸君に思われたり、また何の実もないのに、既に何ものかであるように考えているようだったら、かれらは留意すべきことに留意せず、何の値打ちもない者なのに、一かどの者のように思っているといって、わたしが諸君にしたのと同じように、彼らの非をとがめてく
42 ださい。そうすれば、諸君がこれらのことをしてくれるときに、わたしは自分自身も息子も、諸君から正しい仕置を受けたことになるだろう。

しかし、もう終りにしよう、時刻だからね。もう行かなければならない。わたしはこれから死ぬために、諸君はこれから生きるために。しかしわれわれの行く手に待っているものは、どちらがよいのか、誰にもはっきり分らないのだ、神でなければ。

（田中美知太郎訳）

# クリトーン

## ――行動はいかにあるべきかということについて――

43**ソークラテース**　どうしてなのだ、いま時分、やって来たりして、クリトーン（一）。それとも、もう早いことはないのかね。

**クリトーン**　いや、早いことは、早いのだよ。

**ソークラテース**　いったい何どきだね。

**クリトーン**　夜明け少し前だ。

**ソークラテース**　妙だね、どうして君を、看守が通す気になったのかしらん。

**クリトーン**　もう僕となじみになっているのだ、ソークラテース、よくここへ通うからね。それに、僕のほうから何かと心づけもしているので、ね。

**ソークラテース**　それで、君がやって来たのは、たった今なのかね、それとも、さっきからなのかね。

**クリトーン**　かなりさっきからだ。

B**ソークラテース**　それでいて、どうしてすぐ僕を起さなかったのだ、黙ってそばに坐《すわ》っていたりして。

**クリトーン**　とんでもない、ソークラテース、僕だって、君の身になったとしたら、こんな苦しみのなかを、眠らずにいたいなどとは思わなかっただろう。そればかりでなく、君がいかにも気持よげに眠っているのを認めて、さっきから感心していたのだ。そしてわざと、君を起さずにいたのだ。できるだけ気持よく過してもらおうと思ってね。そしてたびたび、以前にも、一生を通じて、君を仕合せな性分の人だと思ったことがあるけれど、今度のこのわざわいで、特にそのことを感じたね。いかにもやすやすと、それに堪えて、取乱すところがないものね。

**ソークラテース**　それは、クリトーン、こんな年になって、いよいよ死期がせまって来たのを、むずかったりするのも、へんなものだろうからね。

C**クリトーン**　ほかにも、ソークラテース、そのくらいの年で、こういうような災難にまきこまれる者もいるけれども、年をとっているからといって、不運に当面した彼らが、むずからないでいられるということは、少しも保証されないのでね。

**ソークラテース**　それはそうだ。しかし、いったい何で、こんなに早くやって来たのかね。

**クリトーン**　知らせを、ソークラテース、持って来たのだ。つらい知らせをね。それは君には、あるいはそれほどでもないかも知れない——と僕には見えるのだ

――が、しかし僕にとっても、またほかの君の知人のすべてにとっても、つらい知らせなのだ。僕にとっては、それは何とも堪え難い、重苦しいきわみの知らせだと、自分で考えているのだ。

**ソークラテース**　それは何の知らせだね。あるいは、例の船(一)がデーロスから帰っ
D て来たというのではないかね。あの船が着けば、僕の死刑執行ということになるはずだったね。

**クリトーン**　いや、まだ着いたというわけではないのだ。しかし僕の考えでは、今日は帰って来るだろうと思う。スーニオンで下船して、そこからやって来た人たちの報告を総合するとね。つまり、その報告だと、無論、船は今日帰って来るだろうから、したがって、当然、ソークラテースよ、君の生涯における最後の日は、明日だということになるだろう。

**ソークラテース**　いや、クリトーン、それはありがたい仕合せというもので、そうあるのが、神々の御意にかなうことなら、そうあってほしいものだ。しかし僕は、船の帰って来るのは、今日ではないだろうと思うのだがね。

44 **クリトーン**　それは、どこから推しての話かね。

**ソークラテース**　それは、つまりこういう話なのだ。僕が死刑になる日というの

は、例の船が帰ったら、その翌日ということになっていたと思うのだが。

**クリトーン**　うん、とにかく、その筋の者のいうところは、そうだね。

**ソークラテース**　それなら、船が帰って来るのは、今日これからではなくて、もう一日たってからだろうと思う。僕がこういう推測をするのは、いま少し前の、まだ夜のうちに一つの夢を見たからなのだ。それで君が、僕を起そうとしなかったのは、おそらくちょうどよかったのかも知れないね。

**クリトーン**　だけれど、その夢というのは、何だったのかね。

**ソークラテース**　一人の女性が、僕のところへやって来たのだ。それは白衣をま
B とっていて、みめよく美しい姿をしていたが、僕に呼びかけて、こう言ったように思うのだ。ソークラテースよ、そなたは、

　三日目にして、ゆたけきプチエの地に着くならん(三)とね。

**クリトーン**　妙な、それは夢だねえ、ソークラテース。

**ソークラテース**　いや、明々白々の夢だと、とにかく、僕は思うのだがね、クリトーン。

**クリトーン**　うん、大いにそうかも知れないね。しかし、まあ、それはそうとし

て、ソークラテース、今からでも、まだ間に合うのだが、君は僕の言を容《い》れて、自分を救うことをやってみないかね。僕にとって、君に死なれることは、一つの災難に止《とど》まらないのだ。ぼくが二度と見つけることの決してないような、そういう知人を失うということだけではない。そういうことをおいても、なおまた、君のことも、僕のことも、よくは知らない大多数の人たちに、僕は金銭をつかう気になりさえすればC、君を救うことができたのに、君のことを構いつけなかったように思われるだろう。しかし友人よりも、金銭を大事にしたと思われるなんて、これより不面目な思われようが、何かあるだろうか。なぜなら、大多数の人間は、われわれが熱心に望んだにもかかわらず、君のほうが自発的に、ここから出て行くことを欲しなかったのだと言っても、そんなことは信じないだろうからね。

**ソークラテース**　しかし、なぜ僕たちは、仕合せなクリトーンよ、大多数の者の思わくをそんなに気にしなければならんのかね。なぜなら、むしろ当然僕たちが気づかわなければならないのは、特にすぐれた人たちのことなのであって、その人たちなら、どんな行動でも、事実行われたとおりに受取ってくれるだろうからね。

D**クリトーン**　しかし、いまは君も見るとおり、大多数の思わくも気にする必要があるのだ。現に今度のことが、直接にそれを明らかにしている。大衆というものは、決して最小とはいえないような災悪を、つくり出すことができるんでねえ、もし彼らの間で、中傷を受けて、悪く思われていたりすれば、その結果は、ほとんど最大といえるような災悪を受けることになるだろうね。

**ソークラテース**　いや、それは本当に、クリトーン。大衆というものが、そういう最大の災悪をつくり出すことのできるものだったらねえ。そうすれば、また善福も、最大のものをつくり出すことができたろうからね。そうだとしたら、結構なことだろうよ。しかし実際は、どちらもできはしないのだ。彼らは人を賢くすることもできなければ、また愚かにする能力もありはしない。彼らのすることは、何にしても、その場かぎりのことなのだよ。

E**クリトーン**　うん、それはまあそうだということにしておいてもいいがね、しかし、ソークラテース、このことは、どうなのか、僕に聞かせてくれたまえ。まさか君は、僕や他の知人たちのことで、取越し苦労をしているのではあるまいね。もし君がここから逃げ出すなら、密告者連中が僕たちに、君をここからこっそり連れ出したというので、面倒なことをもちかけてきはしまいか、つまり僕たちが、全財産なり、あるいは巨額の金銭なりを投げ出さねばならなくなりはしないかとか、ある

いはなおそのうえに、ほかの何か被害を受けるようなはめに陥りはしないかという
45 ことを心配してだね。というのは、もし君の恐れることが、何かこういうことにあ
るのだとしたなら、それはもう放っておくことにしてくれたまえ。なぜなら、僕た
ちは、君を救うのに、それくらいの危険を冒すのは、当然だと思うのだ。否《いな》、必要
とあれば、更にそれ以上の危険を冒してもいいのだ。とにかく、そういう心配はし
ないで、僕の言うとおりにしてくれたまえ。君にいやと言われてはこまるのだ。

**ソークラテース**　うん、それはねえ、君の言うような心配も、考えてはいるがね、しかしクリトーン、ほかにも、いろいろ気がかりの点があるのだよ。

**クリトーン**　それなら、いまのことは、心配しないでくれたまえ。またお金も、
そうたくさん出さなくたって、君をここから連れ出して、救ってくれようとする者
はあるんだからねえ。またそれから、例の密告者連なんて、どんなに安く買収でき
B るものか、君は知らないのか。彼らに対しては、たくさんの金銭は、決して必要が
ないだろう。君のためには、僕のお金を、いつでも御用だてするが、それで十分間
に合うと、僕は思っている。それからまた、もし君が僕に遠慮して、僕の金をつか
ってはいけないと思うなら、ここへ来ている、あの外国の連中が、いつでもその金
を出すつもりでいるのだ。ちょうどそのために、十分のお金を用意して来た者が、

一人いるのだ。テーバイから来たシミアースがそれだ。またケベース（四）にも、その用意があるし、ほかにもそういう者が、とてもたくさんいるのだ。だから、いま言っていたことだけれど、こういうことについては、無駄な心配をして、君自身を救い出すことをあきらめてはいけない。また、君が法廷でのべていたような、たといここをのがれ出ても、自分自身をどうしようもないというようなことが、君のなやみ
C の種になることもないのだ。なぜなら、君はどこへ行っても、大事にしてもらえるところが、ほかにもたくさんあるからだ。そしてもし君が、テッタリア（五）へ行く気があるなら、あそこには、僕の家の客分に当る者がいるから、君を大切にして、君の安全を計ってくれるだろう。だから、君を苦しめるような者は、テッタリア人のうちには、一人もいないことになる。

なおまた、ソークラテース、君が行おうとしていることは、正しいことではないように思われるのだ。君は、助かることができるのに、自分自身を見すてようとしているのだからねえ。君が君の一身上に成就《じょうじゅ》しようとして、一所けんめいになっていることは、それは君の敵なら、ちょうど正に一所けんめいになったかも知れないようなことなのであって、事実また彼らは、君を破滅させようと思って、一所けん

めいにそれの努力をしたのだ。またそのうえ、君は君の息子さんたち(六)を見すてよう
Dとしているように、僕には思われる。つまりあの人たちを、君は扶養し、教育してやることができるのに、それを置き去りにして、君は行ってしまうことになるのだ。だから、君の了見では、あの人たちはどうなろうと、少しも構わないということになる。あの人たちは、孤児が孤児の境遇において、通常あわなければならないような目に、たぶんあうことになるだろうというのにねえ。つまり、初めから子供をつくらないのなら、別だけれども、そうでなければ、これを扶養し、教育するという苦労を、どこまでも一緒にしてやらなければならないのに、君はいちばん安易な途《みち》を選ぼうとしているように、僕には思われるのでねえ。しかし選ぶのは、男らしい徳をそなえた、立派な男子が選ぶはずの途でなければなるまい。とにかく、一生を通じて徳に留意すべきことを説いてきているからには、なおさらだ。というのは、
E僕は君のためにも、また君の知人である僕たちのためにも、これは恥だと思うのだ。君をめぐる、このたびの事件というものが、全体としては、われわれの側に男らしさが欠けていたから、こういうことになってしまったのだと思われはしない(七)だろうか。黒白の決定を法廷へ持ちこんだことだって、持ちこまないでもすんだのに、持ちこまれるようなことになったのだし、また黒白のあらそいそのものも、あの始末

だったし、そしてそのあげくがこれで、これはもうわれわれのやり方に対する嘲《ちょう》笑《しょう》のようなものであって、われわれは自分たちが何か無能であり、男らしさを欠いているために、事件をすっかり取逃がしてしまったのだと、思われはしないだろう
46 か。つまりわれわれは、少しでもましなところのある者だったなら、君を救い出す条件はそろっているのだから、それができたのに、それをしなかったし、君も自分で助かろうとしなかったということになる。だから、ソークラテース、これは君にとっても、また僕たちにとっても、一つの災悪であるに止まらず、同時にまた恥辱となるかも知れないのだから、どうか、そういうことにならないように、気をつけてくれたまえ。まあ、とにかく、どうしたらよいかを考えてくれたまえ。いや、もう考えている時ではない。むしろ考えをきめてしまわなければならないのだ。それも、一つの考えにきめなければならない。なにしろ、今晩じゅうに、その万事を片づけてしまわなければならないので、もしなおぐずぐずしているようなことがあれば、それこそ、もう可能の条件が失われて、できなくなってしまうのだ。もうよけいなことは言わない。何でもいいから、ソークラテース、僕の言うとおりにしてくれ。いやだなんて、どうか、言わないでくれ。

B **ソークラテース**　おお、愛するクリトーン、君の熱意は、大いに尊重しなければならない、もし何か正しさを伴っているとすればね。しかしそうでないと、熱意が大であれば大であるだけ、いっそう厄介なことになる。だから、君の言うようなことを、なすべきか否か、僕たちは検討してみなければならないのだ。というのは、僕という人間は、自分でよく考えてみて、原則論として、これが最上だということが明らかになったものでなければ、他にどんなものが僕にあったとしても、それには従わないような人間なのであって、これは今に始まったことではなくて、いつもそうなのだ。だから、いままでに僕が言っていた原則的な原論を、僕がこういうまわり合せになったからといって、いまさら放棄することはできないのだ。むしろそ
C れは、僕にとっては、ほとんど前と変らないものに見えるのであって、僕がいま敬意を払い、尊重している原則というのは、以前に僕がそうしていたのと同じものなのだ。だから、もしわれわれが、これまでに言われたこと以上に、もっとすぐれたことを、いまこの場で言うことができなければ、いいかね、君、僕は決して君に譲歩しないだろう。たとい大衆の威力が、いま現にある以上のものをもって、監禁とか、死刑とか、財産没収とかいうことを、われわれの頭上にひらめかして、子供たちをお化けでおどかすように、われわれをおどかすとしても、僕は引かないのだ。

すると、この問題は、どういうふうに考えてみたら、いちばん適当だろうか。まず最初に、人々の思わくについての――君も話に出しているのだから――あの説を、D取上げたら、どうだろうね。そういう思わくに対しては、そのあるものには注意を払わなければならないが、また他のものには心を用いる必要がないということが、これまでに言われていたけれども、それはいかなる場合にも、それでよかったのか、それとも、そうではなかったのかしらん。つまり別の言葉で言えば、それは僕が死刑ときまらないうちは、それでよかったけれども、いまになってみると、そんな議論は、ただの議論のために、何の当もなく言われたのであって、それは冗談であり、それこそ本当に無駄言であったということが、ほら、もうすっかりわかってしまうというようなものだったのだろうか。僕はぜひ、クリトーン、君と一緒に、よく考えてみたいのだ。これまでに言われていたことは、僕がこういう事情になったために、何かもう僕には、なじめないよそよそしい主張のように感じられることになるだろうか、それとも、依然として同じ印象を保つことになるだろうか。われわれは、そこに言われていることに、もう訣別《けつべつ》すべきであろうか。それとも、その言に従うべきであろうか。それは何でも、僕の思うに、何か一かどのことを言う自信をもっている人たちによって、それぞれの場合に、ちょうどいましがた僕が言っていたよ

うなかたちで、言われていたようだ。つまり人間の思いなす、思いなしというもの
E は、そのあるものは尊重しなければならないけれども、また他のものは、その必要
がないというのだ。これは、神々に誓って、クリトーンよ、君にはよい説だと思わ
47 れないかね。というのは、人間界の事情だけで言えば、君は明日死ななければなら
ないというようなことの外にあるから、目前の非運が、君の心を掻《か》き乱すというよ
うなこともあり得ないだろうからね。だから、さあ、よく考えてみてくれたまえ。
人間の思わくというものは、これをすべて尊重すべきであるというようなものではなくて、そのあるものは尊重しなければならないが、またあるものはそうではないのであり、またすべての人の思わくが尊重されるのではなくて、ある人たちのそれは尊重されるが、他の者のそれは、尊重するに及ばないということが言われているが、これは君には、満足すべきものとは思われないかね。君の意見はどうだね。この説は、これでよくはないのかね。

**クリトーン**　うん、いい。

**ソークラテース**　それなら、尊重しなければならないのは、有用な思いなしのほうであって、有害なものは、そうするに及ばないのではないか。

**クリトーン**　うん、そうだ。

ソークラテース　ところで、思慮ある人の思いなしは有用だけれども、思慮のない人のは、有害なのではないかね。

クリトーン　それに違いない。

ソークラテース　さあ、それなら、今度は、次のようなことは、どう言われていたかね。いま体育の練習をしていて、本気でこれの勉強をしている者があるとしたら、彼は誰彼の区別なく、すべての人の賞讃《しょうさん》とか、非難とか、思いなしとかいうものに、注意を払うだろうか、それともただ一人の、ちょうど正に医者であるとか、体育家であるとかいう、そういう者だけの思いなしに、注意を払うだろうか。

クリトーン　それは、そのただ一人だけのに注意を払うだろう。

ソークラテース　そうすると、非難を恐れ、賞讃をよろこばねばならないのは、そういうただ一人のそれであって、かの多数者のそれではないことになる。

クリトーン　無論、そうなければならない。

ソークラテース　したがって、彼は飲食にも、体育にも、一般に行動は、そのただ一人の、その道の専門家である人を監督に仰いで、その人の思いなしに従わなければならないのであって、それ以外の人たちは、これを全部合せても、その思わくは、このただ一人のそれに及ばないわけだ。

クリトーン　それはそのとおりだ。

C ソークラテース　さあ、それなら、もしそのただ一人の人の言に従わないとしたら、どうだろう。その思いなしも賞讃も尊重しないで、多数の何も分らない連中のそれをありがたがるとしたら、それで何の害も受けないというようなことが、果してあり得るだろうか。

クリトーン　いや、どうしてそんなことがあり得よう。

ソークラテース　ところで、その場合の害悪とは、何だろうか。それはどこの領域に属し、その不服従の者のもっている何に関係するのかね。

クリトーン　無論、身体《からだ》に関係する。これをそれは破壊するのだからね。

ソークラテース　うん、それでいい。そうすると、これ以外のことも、いちいち数え上げないが、クリトーン、これと同じことではないのかね。したがってまた、正邪美醜善悪など、いま僕たちが考えてみなければならない、これらのことについ
D ても、どうだね、われわれは多数者の思わくを恐れて、これに従わなければならないのだろうか。それともまた、ただ一人でも、もし誰かそれに通じている人があるなら、その人の思いなしに従い、この一人の人を、それ以外の人全部合せたよりも、

もっと恐れ、その人の前に恥じなければならないのではないかね。そしてもしわれわれが、この先達《せんだつ》に従わないようなことがあれば、われわれはかのものを虐待《ぎやくたい》し、破滅させることになるだろう。かのものとは、正しさによって向上し、不正によって滅びるものだったのだが、それとも、そういうものは、何もないわけなのかね。（八）

**クリトーン**　いや、わたしはあると思うよ、ソークラテース。

**ソークラテース**　さあ、それなら、かの健康につらなるものによって良化され、病的なものによって破滅させられるものを、もしわれわれが、専門家の思いなしに従わないで、こわしてしまったとするならば、われわれは、それを破壊されても、なお生きるかいが、果してあるだろうか。そしてかのものというのは、身体に当るだろうと思うが、それとも、そうではないかね。

E

**クリトーン**　いや、そうだ。

**ソークラテース**　そうすると、果してわれわれは、破壊されて、駄目になった身体をもって、生きがいのある生き方ができるだろうか。

**クリトーン**　いや、とてもできない。

**ソークラテース**　しかしそれなら、かの不正がそこない、正がその為《ため》になるところのものが、もし破壊されてしまったとするならば、われわれは果して生きがいの

ある生き方をすることができるであろうか。それとも、それは身体に比べれば、大
48 したものではないというのが、僕たちの考えになるのだろうか。それがわれわれの
もっているもののうちで、いったいどういうものなのかということは、しばらくお
き、とにかく不正と正義とが、それにかかわりをもっているものなのだがね。

**クリトーン**　いやそれは、決してつまらないものだなどとは考えられないよ。

**ソークラテース**　むしろ身体より、もっと貴重なものなのではないのか。

**クリトーン**　大いに、そうだ。

**ソークラテース**　そうすると、よき友よ、かの多数の者どもが、僕たちのことを、どう言うだろうかというようなことは、そう気にする必要は全くないということになる。むしろただ一人でも、正不正についてよく知っている、その人が何と言うか、また真理そのものが何と言うかということのほうが、大切なのだ。だから、まず第一、君のさっきの話の持出し方は、間違っているのだ。なぜなら、君の持出した話というのは、われわれは正、美、善と、その反対のものについての、多数者の思わくを気にしなければならないというのだったからね。しかし、そんなことを言ったって、その多数者はわれわれを殺すことができるんだぜと、こう言う人も、きっとあるかも知れないね。

Bクリトーン　そりゃあ、無論、そういうことだってあり得るわけだ。たしかにそう言えるだろうからね、ソークラテース。

ソークラテース　うん、それは君の言うとおりさ。* しかしながら、おもしろいことには、君、初めに言われた原則は、こうやってしらべてみても、やはり以前と変らずに、同様の意味をもっているように、僕には思われるのだ。そこで今度は、もう一つこういうのを、僕たちにとって、それは依然として動かないか、否《いな》かということを、よく見てくれたまえ。それはつまり、大切にしなければならないのは、ただ生きるということではなくて、よく生きるということなのだというのだ。

クリトーン　いや、その原則は動かないよ。

ソークラテース　ところで、その「よく」というのは、「美しく」とか、「正しく」とかいうのと、同じだというのは、どうかね、動かないだろうか、それとも動くだろうか。

クリトーン　動かないよ。

ソークラテース　それなら、そういうふうに同意されていることにもとづいて、当の問題を考えてみなければならないわけだ。つまり僕が、アテーナイ人の許しを

C得ないで、ここから出て行こうと試みることは、正しいことなのか、それとも正しくないことなのかという問題だ。そしてもしそれが正しいということが明らかになったなら、僕たちはそれをしてみよう。しかしそれの不正が明らかになったなら、やめることにしようではないか。しかし君の言おうとする、金銭のかかりとか、人々の思わくとか、子供の養育とかについて考えることは、これは、クリトーン、本当のところ、かの多数者の考えることなのかもしれないね。彼らなら、少しも知性を用いないで、軽々に人を殺しておいて、またできれば、生きかえらせようとするかもしれないような連中なのだからね。しかし僕たちは、言論の結果が、いま言われたように、はっきりと出ているのだから、いま僕たちが問題にしていたことを、
D問題として考えるよりほかはない。つまり僕たちは、僕をここから連れ出してくれる人たちに、金銭を支払い、感謝を捧《ささ》げて、おたがいに連れ出したり、連れ出されたりするのが、果して正しい行為となるのか、それとも、本当は、すべてそんなことをするのは、不正となるのか、どちらであるかを考えてみなければならないのだ。そしてもし僕たちの所業が、明らかに不正だということになれば、このままじっとして、ここにいたのでは、殺されてしまうに違いないとか、あるいはまたほかに何かしらん、ひどい目にあうだろうとかいうことを、こせこせと思案するよりも、む

しろ不正を行わないように心しなければならないのだ。

**クリトーン**　ソークラテース、君の言うことは、立派なことだと、僕は思うのだ
が、しかしそれなら、見たまえ、僕たちはどうすればいいのだ。

**ソークラテース**　一緒に、君、よく見てみようではないか。そして僕の言うこと
E に、何か君が反対して言うことがあるなら、その反対論をやってくれたまえ。そし
てその結果、僕は君の言に従うことになるかも知れない。しかしそうでなければ、
もうその時は、どうか、君、何度も同じことを言って、ぜひここから、たといアテ
ーナイ人が不承知でも、僕に出て行かせようとするのは、やめてくれたまえ。つま
り僕はどちらの行動をとるにしても、君を説得してからというのを、大切な条件と
しているのであって、君が不承知なのに、そういうことをするつもりはないという
わけなのだ。まあ、しかし、見てくれたまえ。これからの考察の出発点は、君の満
49 足がいくように言われるかどうか。なおそれから、どうか、僕の質問には、君が至
極もっともだと思うところに従って、答えるようにしてくれたまえ。

**クリトーン**　いや、それは、そうやってみるよ。

**ソークラテース**　さて僕たちの主張は、どんなにしても、故意に不正を行なって

はならないということだろうか、それとも、不正を行なっていい場合と、いけない
場合とがあるということだろうか、どっちだね。いやむしろ、とにかく不正という
ものは、よいものでもなければ、美しいものでもない。それはこれまでに、何度も
われわれが同意したとおりだということになるのかね。それとも、われわれが前に
同意した、あんなものは、どれも皆、この数日の間に、すっかり御破算になってし
まったので、昔は、クリトーン、こんな年をして、おたがいに真面目《まじめ》になって、話
B し合っていたのが、いまになって見れば、子供とちっとも違わなかったのに、僕た
ち自身は気がつかなかったのだということになるのだろうか。それとも、あのとき
われわれの言ったことは、何にもまして、まさにそのとおりなのであって、世の多
数がこれに賛成しようが、反対しようが、またわれわれが、いまのよりも、なおも
っとひどい目にあわねばならないとしても、あるいは多少おだやかな取扱いを受け
ることになるとしても、そんなことにはかかわりなく、とにかく不正というものは、
不正を行う者には、どんなにしても、まさに害悪であり、醜悪であるということに
なるのではないか。どうだね、僕たちの主張は、これかね、それとも、これではな
いかね。

**クリトーン**　うん、僕たちの主張はそういうことになる。

**ソークラテース**　それなら、どんなにしても、不正を行なってはならないということになる。

**クリトーン**　無論、そうだ。

**ソークラテース**　そうすると、たとい不正な目にあったとしても、不正の仕返しをするということは、世の多数の者が考えるようには、許されないことになる。とにかく、どんなにしても、不正を行なってはならないのだとするとね。

**Cクリトーン**　それは明らかにそうだ。

**ソークラテース**　ところで、どうだね。害悪を加えるということは、クリトーン、なすべきことなのかね、それとも、なすべからざることなのかね。

**クリトーン**　無論、なすべからざることだと思うね、ソークラテース。

**ソークラテース**　で、どうかね。害悪を受けたら、仕返しに害悪を与えるというのは、世の多数の者が主張しているように、正しいことなのだろうか、それとも、正しくないことだろうか。

**クリトーン**　それは決して正しいことではない。

**ソークラテース**　つまり、人に害悪を与えるということは、不正な目にあわすということと、ちっとも違ってはいないからだ。

**クリトーン**　君の言うことは本当だ。

**ソークラテース**　そうすると、仕返しに不正をしかけるとか、害悪を及ぼすとかいうことは、世の何びとに対しても行なってはならないのであって、たといどんな目に、彼らからあわされたとしても、それは許されないのだということになる。そ
D　してそこのところで、クリトーン、一つ気をつけてもらいたいのは、これらのことに同意を与えて行くうちに、心にもない同意をすることのないようにということだ。なぜなら、僕はよく知っているのだが、こういうのは、ただ少数の人が考えることなのであって、将来においても、それは少数意見に止《とど》まるだろう。だから、ちゃんとこう考えている人と、そうでない人とでは、一緒に共通の考えをきめるということはできないのだ。おたがいに、相手の考える案を見て、軽蔑《けいべつ》し合うにきまっているのだ。だから、君もよくよく考えてみてくれたまえ。君は僕と共同してくれるか、どうか。僕と同じ考えをもてるか、どうか。そしてまず始めに、いかなる場合においても、不正を行なったり、不正の仕返しをしたりすることは、当を得たことではないのであって、害悪を受けても、仕返しによって、害悪を与えるような自衛は、やはり不当であるというような考えをもとにして、そこから、われわれの今後の考えをきめるようにして行くべきか、どうか。それとも、君の立場は違うのであって、

E そういう仕方で始めることには、共同できないか、どうか。どっちだね。というのは、とにかく僕は、ずっとまえから、いま言ったような考えだったので、いまでもやはり、そう考えているのだが、君はしかし、もうこれとは何か違う考えになってしまっているのなら、そう言ってくれたまえ。そしてそれの説明をしてくれたまえ。しかし君の考えが、まえのままなら、次を聞いてくれたまえ。

**クリトーン**　いや、僕の考えは、まえのままで、君と同じだ。とにかく、後を言ってくれたまえ。

**ソークラテース**　では、あらためて、その次の話をしようか。いや、それよりも、君に質問しよう。どうだね、いま人が誰かに何かの同意を与えたとするならば、それが正しいことがらである限り、それをなすべきではないか。それとも、約束を破ってもかまわないだろうか。

**クリトーン**　いや、それを実行しなければならない。

50 **ソークラテース**　では、そこから、よく注意して見てくれたまえ。いま僕たちが、国民の承諾を得ないで、ここから出て行くとするならば、それは何ものかに、僕たちが害悪を与えていることにならないだろうか。しかもいちばんそれを与えてはならないものに、それを与えていることにならないだろうか。どうだね、それとも、ちがうだろうか。また僕たちは、僕たちが同意を与えた正しいことに対して、忠実に約束を守っていることになるだろうか。それとも、そうではないだろうか。

**クリトーン**　いや、ソークラテース、君のその問には、僕は答ができないよ。思い当るものがないんでねえ。

**ソークラテース**　いや、それなら、こう考えてみたまえ。いま僕たちが、ここから脱走――と呼ぶのが悪ければ、何とでも名づけていいのだが、とにかく、そうしようとしているところへ、国法が、国家公共体と共にやってきて、姿を現わして、こうたずねるとしたらだね、「どうぞ、ソークラテース、言っておくれ。お前は何Bをするつもりなのだ。そのお前がやりかけている所業というものは、わたしたち国法と国家全体を、お前の勝手で、一方的に破壊しようともくろんでいることになりはしないかね。それともお前は、一国のうちにあって、いったん定められた判決が、少しも効力をもたないで、個人の勝手によって無効にされ、目茶苦茶にされるとしたならば、その国家は、転覆をまぬかれて、依然として存立することができると、お前は思っているのか」とこうたずねるとしたならば、この問に対して、またほかにも、この類《たぐ》いの問がなされるとしたならば、これに対して、ぼくたちは、クリトーンよ、何と答えたものだろうか。というのは、これはいったん下された判決は、

有効でなければならぬと命ずる法律が、葬《ほうむ》られようとしているわけなのだから、そ
の法を守るためには、多くのことが言われるだろう。特に弁論の得意な者なら、い
C くらでも言い分を見つけることができるだろう。それとも、僕たちは国法に向って、
「それは国家が、われわれに対して、不正を行なったからです。不当の判決を下し
たからです」と、こう言おうか。僕たちの言うことは、これだろうか。それとも、
何だろうか。

**クリトーン**　いや、ゼウスに誓って、それこそわれわれの言おうとすることだよ、ソークラテース。

**ソークラテース**　では、もし国法が、こう言ったら、どうだね。「ソークラテース、
そんなことまで、わたしたちとお前の間で、もう取りきめができていたのだろうか。
それとも、むしろ国家の下す判決は、忠実に守るということが、約束されていたの
ではないかね」と言ったらだ。そしてもし僕たちが、彼らの言うことに驚いている
ならば、たぶん、こう言うだろう。「ソークラテースよ、わたしたちの言葉に驚か
D ないで、答えておくれ。ちょうどお前は、問答の扱いには慣れているのだからね。
さあ、それはこういう問なのだ。お前はわたしたち国家に対して、何を不服として、
わたしたちを破壊しようと企てるのか。まず第一に、お前に生を授けたのは、わた

したちではなかったのか。つまりわたしたちのしきたりによって、お前の父はお前
の母を娶《めと》り、お前を産ませたのではないのか。そうだとすれば、さあ、はっきり言
ってもらいたいものだ。わたしたちのうちには、婚姻に関する法律があるのだが、
これがよくないといって、お前は何か文句をつけるのだろうか」「いや、文句はあ
りません」と、僕は答えるだろう。「しかし、そうやって生れてきてから、お前も
それによって教育された、その扶養や教育についてのしきたりが、いけないという
のかね。あるいは、このために定められた法律や習慣が、お前を音楽や体育で教育
することを、お前の父親に言いつけていたのだが、このような指図はよくなかった
E のかね」「いや、結構です」と、僕は言うだろう。「よろしい。それなら、そこでお
前は生れ、養育され、教育されたのである以上は、お前もお前の遠い親たちと同様
にわたしたちから生れた子供であり、わたしたちのところの家の子であったのだと
いうことを、否定することができるだろうか。そしてもしそれが否定できない事実
だとすれば、お前とわたしたちとの間に、正しさの平等というものが、果して存在
するとお前は思うのか。つまりわたしたちが、お前に対して、何かをしようとした
場合、それが何であっても、それをお前もまた、わたしたちに対して仕返しするこ
とが、正しいのだとお前は思うのか。それとも、いいかね、父親に対する場合とか、

あるいは主人という者を、もしお前がちょうどもっているとしたならば、主人に対
する場合とかでは、何かをされたなら、何でもそれを仕返しするというような、正
しさの平等というものは、お前のためには存在していなかったのであって、ひどい
51 ことを言われたからといって、言い返したり、打たれたからといって、打返したり、
その他いろいろ、それに似たことをするのは、正しいことではないとされていたの
であるが、しかし祖国や国法に対しては、どうだね、それがお前に許されることに
なるのだろうか。すなわちもしわたしたちが、正しいと信ずる理由があって、お前
を死に導こうとするならば、お前もまた、これに対して、わたしたち国法と祖国と
を、お前の力の及ぶ限りにおいて、破滅に導くことを企て、しかもこの行為は正し
い行為であるということを、本当に徳に心がけている人だという、お前が主張する
ことになるというのは、ね。それとも、お前は賢すぎて、忘れてしまったのではな
B いかね。母よりも、父よりも、その他の祖先のすべてよりも、祖国は尊いもの、お
ごそかなもの、聖なるものだということを。それは神々のもとにあっても、心ある
人々の間においても、他にまさって大きな比重を与えられているのだということを。
だから、人はこれを畏敬《いけい》して、祖国が機嫌を悪くしているときには、父親がそうし
ているときよりも、もっとよく機嫌を取って、これに譲歩しなければならないのだ。

そしてこれに対しては、説得するか、あるいは何なりと、その命ずるところのものをなすかしなければならないのであって、もし何かを受けることが指令されたなら、静かにそれを受けなければならないのだ。打たれることであれ、縛られることであれ、戦争につれて行かれて、傷ついたり、死んだりするかも知れないことであっても、そのとおりにしなければならないのだ。正しさとは、この場合、そういうことなのだ。そしてそこから退いても、引いてもいけないのであって、持場を放棄することは許されないのだ。むしろ戦場においても、法廷においても、どんな場所にお
C
いても、国家と祖国が命ずることは、何でもしなければならないのだ。そうでなければ、この場合の正しさが、当然それを許すような仕方で、説得しなければならないのだ。これに反して、暴力を加えるというようなことは、母に対しても、父に対しても、神の許したまわぬところであるが、祖国に対しては、なおさらのことなのである」という、この言葉に対して、僕たちは何と言ったものだろうか、クリトーン。国法の言うことは、本当だと答えようか、それとも、そうではないかね。

**クリトーン**　いや、本当だと、僕は思う。

**ソークラテース**　「それなら、考えてみてくれ、ソークラテース」と、たぶん、国法は言うだろう。「わたしたちが、お前のいま行おうと企てている、その企ては不

正だと言うのは、それは、真実、そのとおりか、どうかということを。なぜなら、Dわたしたちはお前を生み、養い、教えて、わたしたちにできる限りの、すべてのよきものを、お前にも、他のすべての国民と同様に、分け与えたそのうえで、アテーナイ人のうち誰でも、望む者には、成人に達してから、この国のなかで行われていることがらを見、わたしたち法律習慣を見たうえで、もしわたしたちが気に入らないなら、自分の持物をもって、何処《どこ》へでも、自分の好きなところへ、出て行くことが自由にできるということを、既にそういう自由を設けていることによって、公告しているからである。そしてわたしたち国法は、どれを取ってみても、お前たちのうちの誰かが、わたしたちとこの国とが気に入らない場合、植民地へ出て行きたいEと思うにしても、また何処かよその国に寄留しようと思うにしても、どこでもその欲するところへ、自分の持物をもって行くことを、妨げもしないし、また禁止もしていないのである。しかしお前たちのうちで、わたしたちがどのような仕方で裁判をし、その他の点でも、どのように国政を運営しているかを見て、ここに止まる人があるならば、その人は既に、これからはわたしたちの命ずることは、何でもするということを、行動によって、わたしたちに向って、同意したのであると、わたしたちは主張する。そしてこれに服従しない者は、三重の不正を犯しているのだと主

張する。すなわち生みの親たるわたしたちに服従しない点が、それであり、また育
ての親たるわたしたちに服従しない点も、それである。そのうえ、わたしたちに服
従することを約束しておきながら、服従もしないし、またわたしたちのしているこ
52 とに、何かよくない点があるなら、そのことをわたしたちに説ききかせることもし
ないからである。すなわちわたしたちは、何でもわたしたちの命ずることは、これ
をなせと、乱暴な仕方で指令しているのではなくて、これを提示して、わたしたち
を説得するか、そうでなければ、これをなせと、選択の余地をのこして言っている
のに、そのどちらもしていないからである」

「かくて、これらの咎《とが》を、お前もまた、ソークラテースよ、もしお前のもくろんで
いることをなすようなことがあれば、受けなければならないだろうと、わたしたち
は主張する。しかもお前の咎は、アテーナイ人のうちでは、決して小ではなく、む
しろ中でも、いちばん大きいと主張する」と言い、これに対して、僕が「いったい、
どうしてです」と聞くならば、ちょうど僕が、アテーナイ人のうちでもいちばん多
く、いま言われたような約束に、同意を与えていることになっていると言って、た
B ぶん、僕に肉薄してくるだろうが、それも正当なことかも知れない。つまり、彼ら

の言うことは、こういうことになるだろう。「ソークラテースよ、お前にこの国と、わたしたちが気に入っていたという、そのことについては、わたしたちは大いに証拠となるものをもっているのだ。なぜなら、お前がいつもこのアテーナイにへばりついていることといったら、ほかのどのアテーナイ人とも段違いのことなのだが、これはこの国が、お前に格別気に入っているのでなかったら、到底あり得ないことだったのだ。お前はただ一度のイストモス行を除いては、祭礼のために国外へ出ることも未《いま》だなかったし、出征のため（九）でもなければ、ほかの何処へも行ったことがなく、ほかの人たちがするような外遊も、ほかに未だ一度もしたことがなく、よその国やその法律習慣などを知りたいと思う心が、お前を捉《とら》えたこともなかった。むし
C ろお前には、わたしたちとわたしたちの国家があれば、それでたくさんだったわけなのだ。お前はわたしたちを選ぶのに、そんな偏執をもってし、わたしたちの定めるところに従って、国民生活をすることに同意してきたのだ。とりわけ、お前がこの国のなかで、子供たちをもうけたということは、この国がお前の気に入っていたことを示すものだと取れるわけだ。それから、なおまた、このたびの裁判そのものにおいても、もしお前にその希望があったなら、国外追放の罪科を申出ることができたのであり、いまお前が、国民の承諾も得ないで、行おうと企てていることを、あ

の時は、公認の下に行うことができたのだ。それだのに、あの時には、たとい死刑になっても、じたばたするようなことはないとばかり、体裁をつくって、自分から主張して、国外追放よりも、むしろ死刑をお前は選ぼうとしたのだ。それをいまになってお前は、あの時の言葉に対して恥じることもせず、わたしたち国法を顧慮す
Dることもなく、これを無にしようと企てている。脱走を企てるなんて、それは最もやくざな奴隷《どれい》がするようなことを、お前はしようとしているのであって、お前が国民として守ることを、わたしたちに約束したところの、その約束と同意に違反した行為なのだ。だから、まず第一は、ただこのことを答えてくれ。わたしたちはお前が、わたしたちの定めるところに従って、国民としての生活をして行くということを、言葉のうえではないにしても、行動によって、既に同意したのだと主張するわけなのだが、このわたしたちの言うことは、真実だろうか、それとも、真実ではないのだろうか」と、かく問うのに対して、僕たちはなんと答えたらいいだろうか、クリトーン。どうだね、これに同意を与えることにしようか。

**クリトーン**　そうするよりほかはないだろう、ソークラテース。

**ソークラテース**　「それなら、どうだね」と、国法は言うだろう。「お前はわたし
Eたち自身に対して約束し、同意したことを、いま踏みにじろうとしているが、しか

しその約束に、お前が同意したのは、強制によるのでもなければ、だまされた結果
でもなく、また短時間のうちに考えをきめることを余儀なくされたのでもなく、七
十年の間に、よく考えることができたのではないか。それだけの年月の間、もしわ
たしたちが、お前の気に入らないとか、あるいは同意した約束が、正しいものでは
なかったと、お前に見えるとかいうことがあったなら、お前はここから立ち去るこ
とができたのだ。しかしお前は、ラケダイモーンやクレーテーを、そこの法律や習
慣を、常々よいとしていたにもかかわらず、アテーナイの代りに選ぼうとはしなか
53 ったのだし、またギリシアやギリシア以外の、他のいかなる国家をも、特に選ぼう
とはしなかったのだ。むしろアテーナイから出て、外に遊ぶというようなことは、
足のきかない人や目の見えない人や、その他の身体《からだ》の不自由な人たちよりも、もっ
としなかったのである。つまりそれほどまでに、お前にとって、格別、この国が気
に入っていたし、またわたしたち国法が気に入っていたのだということは、明らか
なのだ。なぜなら、国法を抜きにして、国家だけが気に入るなんてことが、何びと
にあり得るだろうか。それだのに、いまになってお前は、既に同意したことを、忠
実に守ろうとはしないのか。とにかく、わたしたちの言うことがわかるなら、ソー
クラテース、お前はそれを守ってくれるだろう。そしてこの国から逃げ出して、も

の笑いになるようなことはしないだろう」

「というのは、いいかね、よく考えてごらん。もしお前がこれを踏みにじって、そ
Bの何かの点で誤りを犯しているならば、それはお前自身に対しても、またお前の知人たちに対しても、何のよい所業となるのかということをね。というのは、お前の知人たち自身も、追放になって、自分の国を奪われたり、あるいは財産を失ったりするような、危険な目にあうことは、ほとんど明らかだからだ。またお前自身、まずいちばん近くにある国のどこか——というと、テーバイでも、メガラ（一〇）でも、どちらもよい法律や風習をもっているから、あそこ——へ行くとしても、ソークラテース、お前はその国制の敵として迎えられることになるだろう。そして自分たちの国のことを心配している人たちは、お前を国法の破壊者と考えて、お前に疑いの眼を向けるだろう。そしてお前は、お前の裁判をした人たちの考えに、裏づけを与える
Cことになり、あの判決を下したのは、正当だったと思われるようにすることになるだろう。なぜなら、いやしくも国法を破壊するような者なら、若い者や考えのない者を破滅に導くにきまっていると、たぶん、考えられるだろうからね。それなら、どうするかね、よい法律や風習をもっている国とか、人々のうちでも特に律儀《りちぎ》な人

たちとかいうものは、避けて近づかないことにするかね。そしてそういうことをするとき、お前には人生が、果して生きがいのあるものとなるだろうか。それとも、どうかね、お前はその人たちに近づいて、恥ずかしげもなく、問答を交わすつもりなのかね。いったい何を論じてだ、ソークラテース。いや、それは言うまでもなく、ここで論じていたと同じこと、人間にとって最大の価値をもつものは、徳であり、D なかでも正義であり、合法性であり、国法であるというようなことをかね。そしてソークラテースという者の、その所業が、不様《ぶざま》なものに見えてくるだろうとは思わないのかね。とにかく、そう見えてくると、わたしたちは思わずにはいられないのだ。しかしお前は、これらの場所から退去して、テッタリアへ行き、クリトーンの客筋に当る者のところへでも、身を寄せることにするかね。あそこへ行けば、秩序も抑制も、最大限に無視されているからね。そしてたぶん、よろこんでお前の話を聞いてくれるだろうからね。つまりお前が、何かの衣裳《いしょう》を身につけて——というのは、皮衣とか、何かほかにも、脱走者のよく身につけるものが通常きまっているが、そういうものを着て——それでお前の姿を変えて、脱走したその模様の、人を笑わ E せるような話をね。しかしお前は、老人の身で、余生ものこり少ないと大方は見られるのに、最も大切な法を踏みにじってまで、こんなに執念深く、ただ生きること

を求めて憚《はばか》らなかったのだというふうに言う者が一人もいないだろうか。たぶん、
お前が人の感情を害するようなことをしなければ、そういうふうに言う人もいない
かも知れない。しかしそういうことがあれば、ソークラテース、お前はいろいろ、
お前自身にとっては不当のことまで、言われることになるだろう。だからお前は、
すべての人の機嫌をうかがいながら、奴隷の役をして、生きて行くことになるだろ
う。——しかもその生とは、テッタリアでは、御馳走《ごちそう》でも食べるよりほかに、何の
することがあるのだ。まるで食事のために、テッタリアまで逃げて行ったようなも
54 のではないか。これに対して、あの正義、その他の徳についての議論は、何処にあ
ることになるのか、一つ教えてもらいたいものだ。いや、しかし、子供たちのため
に、子供たちを養育し、教育するために、お前は生きていたいと思うのか。それな
ら、どうかね。彼らをテッタリアへ連れて行って、扶養するにも、教育するにも、
彼らを外人に仕立てて、それの味を覚えさせようとするのかね。それとも、そうい
うことはしないで、この土地で養育してもらい、お前が彼らと一緒にいなくても、
お前が生きてさえいれば、彼らの扶養も教育も、もっとうまく行くだろうというの
かね。お前の知人たちが、彼らの面倒をみてくれるだろうからね。しかしいったい、
どっちなのだ。お前の知人たちは、お前がテッタリアへ旅立つのなら、面倒をみて

Bくれるけれども、あの世へ旅立つのでは、面倒をみてはくれないのだろうか。いやしくもお前の知人と称する連中が、少しでもましなところのある者だとしたら、いずれにしても、面倒はみてくれるものと思わなければなるまい」

「まあ、しかし、ソークラテース、お前はわたしたち、お前を養った者の言葉に従って、子供たちのことも、生きるということも、他のいかなることも、正というものをさしおいて、それ以上に重く見るようなことをしてはいけない。そうすればお前は、あの世へ行ってからも、あの世の治者たちに、それらのすべてについて、身の潔白を明らかにすることができるだろう。というのは、この世においても、お前がいま問題になっているようなことを行うならば、お前のためにも、また他のお前の身内の誰のためにも、よりよいとか、より正しいとか、より敬神の道にかなうとかいうことが、あるとも見えないし、またあの世においても、よりよいことがある
Cということもないだろうからね。まあ、いずれにしても、いまこの世からお前が去って行くとすれば、お前はすっかり不正な目にあわされた人間として、去って行くことになるけれども、しかしそれはわたしたち国法による被害ではなくて、世間の人間から加えられた不正に止《とど》まるのだ。ところが、もしお前が、自分でわたしたち

に対して行なった同意や約束を踏みにじり、何よりも害を加えてはならないはずの、自分自身や自分の友だち、自分の祖国とわたしたち国法に対して害を加えるという、そういうみにくい仕方で、不正や加害の仕返しをして、ここから逃げて行くとするならば、生きている限りのお前に対しては、わたしたちの怒りがつづくだろうし、かの世へ行っても、わたしたちの兄弟たる、あの世の法が、お前は自分の勝手で、わたしたちを無にしようと企てたと知っているから、好意的にお前を受け容《い》れては
D くれないだろう。いずれにしても、わたしたちよりもクリトーンが、お前を説得して、彼の言うことを、お前にさせるようなことがあってはなるまい」

と、こう言われるのが、親しい仲間のクリトーンよ、いいかね、僕には聞えるように思うのだ。それはちょうど、祭式におどり狂うコリュバンテス（二）の耳に、笛の音が聞えているように思えるのと同じことだ。ぼくの耳のなかでも、いま言ったような議論が、ぼんぼんとこだましていて、それ以外のことは聞えないようにするのだ。とにかく、いまぼくの考えていることだけで言えば、いいかね、君がこれと違ったことを言っても、それは無駄な発言になるだろう。しかしそれでも、何かうまくやれる見こみがあると思うなら、言ってくれたまえ。

**クリトーン**　いや、ソークラテース、僕には言うことがないよ。

E**ソークラテース**　それなら、これで勘弁してくれたまえ。そしてこれまでどおりにしようではないか。それが神の導きだからね。

（田中美知太郎訳）

# パイドーン

ソークラテースの処刑後ほどなく、ペロポンネーソス半島北東部の小都市プレイウースにて

対話の人物

**エケクラテース**（一）

**パイドーン**（二）

（パイドーンの話にあらわれる人物）

ソークラテース

ケベース（三）

シミアース（三）

クリトーン

クサンティッペー

刑務員の下役

57**エケクラテース**　パイドーン、君はソークラテースが牢獄《ろうごく》で毒を仰がれたあの日、君自身おそばにいたのですか。それともほかの誰かから話を聞いたのですか。

**パイドーン**　僕自身、いました、エケクラテース。

**エケクラテース**　では、あの方は亡《な》くなるまえ、どんなことを話しておられましたか。またご最期《さいご》(四)の様子は？　ぜひ聞かせていただきたいものです。実はちかごろ、このプレイウースの人でアテーナイへ行くものはあまりありませんし、それにこの
B
ところずっと、そのことについて確かなことを僕たちに知らせてくれることができるような人は、アテーナイから一人も来なかったのです。ですから、僕たちの知っていることといえば、あの方が毒を仰いで亡くなられたということだけで、それ以上のことは何一つ聞けなかったわけなのです。

58**パイドーン**　すると裁判がどんなふうに行われたかもご存じないのですか？

**エケクラテース**　いや、そのことは聞きました。それで実は不思議に思っていたのですが、裁判はずっとまえに済んだのに、あの方が亡くなられたのは、それから随分たってからのことらしいですね。これはいったいなぜだったのです、パイドーン？

**パイドーン**　それがね、エケクラテース、偶然そういうことになってしまったの

です。というのはアテーナイの人々がデーロス島へ送る船の艫飾《ともかざ》りをつけたのが、ちょうど裁判の前日だったものですから。

**エケクラテース**　その船というのは?

**パイドーン**　それはね、アテーナイの人々の言うところによると、昔テーセウス（五）
B がそれに乗り、あの七人の若者と七人の乙女とをつれてクレーテー島におもむき、彼らの命を助け、自分も生きて帰ってきたという、その船なのです。その時アテーナイの人々は、もし彼らの命が助かれば、毎年デーロス島へ祭使をお送りいたしますと、アポローンに誓ったのだそうです。こうしてそれ以来ずっといまに至るまで、毎年この神にそれを送っているのです。ところでこの祭使が送り出されると、その期間中、つまり船がデーロス島に着いてまたアテーナイへ帰ってくるまでは、都市を血の汚れから浄《きよ》めて、何びとに対しても国法による死刑を執行しないということが、彼らのならわしになっているのです。これはときによって、船が逆風にあった
C りしますと、かなり長くかかることがあります。そしてこの祭使派遣のことは、アポローンの神官が船の艫飾りをつけたときをもって初まりとします。これがさきほど言いましたように、ちょうど裁判の前日だったのです。このためにソークラテースは、裁判と処刑とのあいだ、随分長く牢獄におられる結果になりました。

**エケクラテース**　ではご最期そのものはどんなふうだったのですか、パイドーン。どのようなことが語られ、どのようなことがなされたのでしょう？　またあの方に親しい方々の中で、誰と誰がその場に立ち会われたのですか？　それとも役人たちが誰もおそばにいることを許さず、あの方はみとる友もなく、たった一人で亡くなられたのでしょうか。

D**パイドーン**　いいえ、おそばには、それもかなり多くの人たちがおりました。

**エケクラテース**　そういうことをみんな、どうかできるだけはっきりと、僕たちに話してくれませんか、もしいまお忙しくなければ。

**パイドーン**　別に用事もありませんから、君たちに詳しくお話ししましょう。ソークラテースの思い出は、自分で話すにしろ、人から聞くにしろ、僕にとっていつもこのうえない喜びなのですから。

**エケクラテース**　それは、パイドーン、君の話を聞こうとしている者たちも同じなのですよ。さあできるだけ詳しく、何もかも話すようにしてください。

E**パイドーン**　実は僕はその場にいあわせて、不思議な気持になっていたのです。というのは、僕には親しい人の死に臨んで当然感じるはずの、あの悲哀の情が少しも起らなかったからです。それというのも、エケクラテース、あの方がそのご様子もお言葉も、いかにも幸せそうにお見えになったからです。本当になんという恐れるところのない、高貴なご最期だったでしょう。僕はこう思いました、この方はハーデース（冥界《めいかい》）に行かれるときにも、神のご加護があるに違いないし、そこに着かれてからも、いやしくもハーデースで幸せな人があるとすれば、この方こそそうなのだと。

59　こういうわけで、悲しみの場にいあわせた人が当然感じるような悲哀の情が、僕にはほとんど起りませんでした。しかし、だからといって、いつもの哲学にふけっているときの楽しさもありませんでした。その時話していたことは哲学の問題ではありましたけれど。僕はなんというか、全く妙な気持になっていたのです。一方で、確かに楽しくはあるのですが、あの方がもうすぐ亡《な》くなられようとしているのだと思うと、悲しみがこみあげてきて、かつてない複雑な気持になってしまうのでした。そしてそこにいあわせた人たちは、誰もが僕と似たような思いで、ときには笑い、ときには涙を流すのでした。仲間の一人アポロドーロス（六）などことにそうでした。あ

B　の男のことも、例の気性も、ご存じでしょうね？

**エケクラテース**　知っていますとも。

**パイドーン**　彼の場合は極端でしたが、僕自身にしても、ほかの人たちにしても、

とても落着いてはいられませんでした。

**エケクラテース**　ところで、パイドーン、そこにいたのは誰と誰だったのですか。

**パイドーン**　アテーナイ人では、いま言ったアポロドーロス、クリトブーロス、その父親のクリトーン、ヘルモゲネース、エピゲネース、アイスキネース、アンティステネース、それからパイアーニア区のクテーシッポスとメネクセノス、そのほか何人かいました。プラトーンは病気だったように思います。

**エケクラテース**　では、ほかの都市の人は誰かいましたか。

**パイドーン**　ええ、テーバイのシミアース、ケベース、パイドーンデース、それからメガラからはエウクレイデースとテルプシオーンが来ていました。

**エケクラテース**　アリスティッポスとクレオンブロトスは？　いましたか。

**パイドーン**　いいえ、彼らはアイギーナにいたそうです。

**エケクラテース**　ほかにも誰かいましたか。

**パイドーン**　だいたいそのくらいだったと思います。

**エケクラテース**　さあそれでは、どんな話がされたのか聞かせてくれませんか。

**パイドーン**　始めから何もかも詳しくお話ししてみることにしましょう。それまでもずっと毎日、僕もほかの人たちも、ソークラテースのところをお訪ねすることにしていました、あの裁判が行われた裁判所の所へ朝早く集まってはね。そこは牢獄に近かったものですから。牢獄の門はあまり早くには開かなかったので、僕たちはいつも開くまで、たがいにおしゃべりをしながら待っていました。開くとすぐ、ソークラテースの所へ入っていって、ほとんど一日じゅうあの方のおそばで過しました。

E　あの日はことにいつもより早く集まりました。というのは前日の夕方牢獄から出たときに、いよいよあの船がデーロス島から帰って来たということを聞いたからです。そこで僕たちは、明日はできるだけ早く例の場所へ集まろうと、たがいに約束したのでした。僕たちが行くと、いつも門をあけてくれる門番が出て来て、待っているようにと言い、自分がいいと言うまで入ってはいけないと命じました。
「実はいま十一人の刑務員がソークラテースのいましめを解き、今日刑が行われる
旨《むね》を申渡しておられるところだから」と彼は言いました。だがあまり長く待たせず、
60 もどって来て、僕たちに入れと言いました。中へ入ると、ちょうどいましめを解かれたばかりのソークラテースと、そのそばにクサンティッペーが——君も知っているでしょう?——あの方のお子さんを抱いて坐《すわ》っていられるのが見えました。クサンティッペーは僕たちを見ると、悲しみの叫びをあげて、こういう場合に女の人が

いつも言うような言葉を口にされました、

「ねえあなた、このお友達の方たちがあなたとお話なさるのも、あなたがこの方たちとお話なさるのも、これが最後なのですね」

ソークラテースはクリトーンのほうを見て言われました、「クリトーン、誰かにこれを家へつれて行かせてくれないか」

クリトーンの召使たちが、泣き叫び、胸をかきむしるあの方をつれてゆきました。

B　このあいだソークラテースは、ベッドの上に身体《からだ》を起し、膝《ひざ》を曲げて手で脚をさすり始められました。そしてさすりながら、こう言われました、

「ねえ君たち、人々が快楽と呼んでいるものは、なんとも奇妙なもののようだね。正反対であると思われる苦痛と、なんと奇妙な関係にあるのだろう。この二つは人間に同時にやってこようとはしないが、一方を追いかけて摑《つか》まえると、必ずといっ
C
ていいくらい、もう一方をも摑まされる、まるで二つでありながら、頭は一つというみたいにね。もしアイソーポス（七）がこれに気づいていたら、きっとこんな物語を作ったことだろう。神さまが彼らの喧嘩《けんか》を仲直りさせようとなさったが、おできにならなかったので、両方の頭を一つにしてしまわれ、そのため一方が誰かの所に来ると、もう一方も必ずあとからついて来る、というようなね。僕自身にも、どうやら

それと同じことが起ったらしい。縛られていたおかげで脚が痛かったが、今度は快さがあとからやって来たようだ」

このときケベースが口をはさみました、「そうそう、ソークラテース、おかげさ
D まで思い出しました。実はあなたがお作りになった詩のことなのですが、アイソーポスの物語を詩になさったり、アポローンへの讃歌《さんか》を作ったりされたことで、わたしはこれまでにもほかの人たちからたずねられましたが、ついこのあいだもエウエーノス（八）に、あなたがいままでは決して詩などお作りにならなかったのに、ここへ来られてから作られたのは、いったいどういうおつもりなのかと聞かれました。それで今度また聞かれたときに――きっとまた聞かれるにきまっていますが――わたしがエウエーノスに答えられるようにと、少しでも心にかけてくださいますなら、どう返事をしたらよいか教えてください」

「それならケベース、彼に本当のことを言ってやりたまえ」とあの方は言われまし
E た、「僕があれを作ったのは、彼や彼の作品と張り合おうとしてではない、それが容易でないことくらいわかっているからね。僕はただ、ある夢の意味を確かめてみようとしたまでなのだ。その夢が僕にたびたび命じていたのが、もしこの種の文芸作品を作ることだったとしたら、それを作って責めを果そうとしたまでなのだ。そ

の夢というのはこうだ。僕はこれまでの生涯に、たびたび同じ夢を見た。その時々
で姿かたちこそ違え、言葉はいつも同じだった。『ソークラテースよ、文芸作品を
作り、文芸に精進せよ』と。
以前には、この夢は僕が現にやっているそのことを、勧め励ましているのだと解
61 していた。この夢が僕に文芸の制作を勧めるのは、ちょうど走者に声援を送る人々
のように、僕の現にしていることを激励しているのだとね。哲学こそ最大の文芸で
あり、僕はそれをしていたのだから。ところが裁判が終り、神の祭が僕の死刑執行
を妨げているいまになって、僕はふと思いついたのだ。ひょっとしたら、夢がたび
たび僕に命じていたのは、あの普通の意味での文芸の制作かもしれない、そうだと
したら、それに背かないで作らなければなるまい、夢の命じるままに詩を作り、責
B めを果してからこの世を去ったほうが、安全ではないかとね。

こうして僕はまず、ちょうどそのとき祭が行われていた神アポローンへの讃歌を
作った。神の次には、アイソーポスの物語を詩に作った。詩人はもし真に詩人（＝
創作者）たらんとするならば、事実を語るのではなく、物語を作るのでなければな
らないということに気づいたからだ。同時に僕自身は物語など作れないということ
にもね。そこで手近かにあってよく知っているアイソーポスの物語を、それも最初

に思いついたのを詩にしたというわけだ。
　ケベース、いま言ったことをエウエーノスに話して、よろしくと伝えてくれたま
C え。それからもし彼が賢明なら、なるべく早く僕のあとを追ってくるようにともね。
僕はどうやら今日行くことになるらしい。アテーナイの人々がそう命じるのだか
ら」
　シミアースが言いました、「それはまたなんということを、ソークラテース、エ
ウエーノスにお勧めになるのです。あの人にはこれまでにもたびたびお会いしまし
たが、わたしの知るところでは、あの人が喜んであなたのお言葉に従うことはまず
ありますまい」
「どうして?」とあの方は言われました、「エウエーノスは哲学者ではないのか」
「哲学者だと思います」とシミアースは答えました。
「それならば、エウエーノスにしろ、ほかの誰にしろ、およそこの哲学という仕事
に従事するにふさわしい者なら、僕の勧めに応じようとするはずだが。しかしおそ
らく彼はみずから生命を断つことはすまい。それは神意にもとることだといわれて
いるからね」
D そう話されながら、ソークラテースは両足を地面におろして、こうして腰かけた

まま、あとを続けられました。

そのときケベースがソークラテースに質問しました。

「それはどういう意味なのでしょうか、ソークラテース。自殺するのが神意にもとることなのに、哲学者は死んでゆく者のあとを追おうとするといわれるのは？」

「おや、ケベース、君もシミアースも、ピロラーオス（九）の所にいたときに、そういうことについて聞いたことはなかったのか？」

「ええ、ソークラテース、別にはっきりとは」

「いや僕もそれについては、人から聞いたことの受売りをしているだけなのだ。し
E かし聞いたことを話してあげるだけなら、少しもかまわない。それにあの世へ旅立とうとしている者にとって、われわれがあの世での生活をどんなものだと考えるかを、吟味してみたり、あれこれ想像して話したりすること以上にふさわしいことはないだろうからね。日が沈むまでのあいだ、ほかに何ができるだろう？」

「それでは、ソークラテース。自分で自分を殺すのは神意にもとると言われるのは、どうしてなのでしょう、たしかにいまおたずねになったとおり、私はピロラーオスがわたしたちの所におられたときに、あの方からもそれはなすべからざることだと伺いましたし、ほかの人たちからも聞いたことがあります。しかしそれについては

っきりしたことは、これまで誰からも何も聞いておりません」
62「ではせいぜい努力してみなければいけないよ。何か聞けるかもしれないから。そ
れはそうと、君にはたぶん不思議に思えるだろう、もしすべてのことの中でこのこ
とだけが無条件に真理であるとすれば、つまり人間にとっては生きるより死ぬ方が
よいということには、ほかのこととは違って、ある時、ある人には、という制限が
決してつかないとすれば。しかも死ぬ方がよいことであるその人間が、自分で自分
にこのよいことを行うのは、神意にもとることであり、ほかの人がしてくれるのを
待たなければならないというのだから、君にはたぶん不思議に思えるだろうね」
　ケベースがくすくす笑って、
「ほんまに」とお国言葉まるだしで言いました。
B「実際」とソークラテースが言われました、「こういうふうに考えてくると、理屈
に合わないように思えるだろう。しかしなんとか理屈をみつけることができるかも
しれない。この問題に関して神秘宗教（一〇）の与える説明によると、人間は一種の牢獄《ろうごく》に
いるのであって、そこから自分を解放したり、逃げ出したりしてはならないという
のだが、これはどうも深遠な教えで、僕には容易なことでは理解しがたいもののよ
うだ。だが、ケベース、少なくともこれだけは本当だと思われる。つまり神々がわ

れわれをみまもっておられ、われわれ人間は神々の持物の一つなのだということだけは。君にはそうは思えないかね」

「思います」とケベースが答えました。

C「そうするともし君の持っている家畜のうちどれかが、君が死ねとも言わないのに、勝手に自分で死のうとしたら、君だってきっとそれに対して腹を立て、何か罰する手段があれば罰を与えはしないかね？」

「与えますとも」

「だからおそらくその意味で、いまの僕の場合のように、神さまが何か逃れられない運命を与えたもうまでは、自殺してはいけないというのは、決して理屈に合わないことではない」

「それはそうでしょう」とケベースが言いました、「しかしそうしますと、さっきDあなたがおっしゃった、哲学者は平気で死んでゆこうとするものだということが、今度は、ソークラテース、おかしく思えてきます、もし神がわれわれをみまもっておられ、われわれは神の持物であるという、わたしたちのいまの言葉が理屈に合っているとすれば。なぜなら最も思慮ある人々が、すべての中で最もすぐれた保護者である神々がみまもっていてくださる、その保護を離れてゆくのに、全然嘆かないというのは不合理ではありませんか。自由になって自分で自分の世話をするほうがもっとよいなどとは、彼らは決して思わないでしょうから。たぶん愚かな人だけが
E そんなふうに、つまり主人から逃げ出したほうがいいなどと思ったり、またよい主人からは逃げ出すべきではなく、できるだけそばにいるべきだというふうには考えてもみないで、そのため愚かにも逃げ出したりするのでしょう。けれども心ある人なら、自分よりすぐれた人のもとにいつもいたいと願うものです。しかしそうしますと、ソークラテース、さっき言われたこととは当然正反対になります。つまり思慮ある人こそ死ぬのをいやがり、愚かな人はそれを喜ぶ、ということになるではありませんか」

ソークラテースはこれを聞いて、ケベースの熱心な議論を喜んでいらっしゃるよ
63 うに見えました。そして僕たちのほうを見てこう言われました。

「ほら、ケベースはいつでもなんだかだと議論の種をみつけては、なかなか人の言ったことを信じようとしない」

そのときシミアースが口をはさんで、「しかし、ソークラテース、今度はわたしにも、ケベースの言うことに一理あるように思われます。真の知者ともあろうものが、いったいどんなつもりで、自分よりもすぐれている主人から逃げ出したり、平

気で彼らのもとから離れたりすることができるのでしょう？　それにケベースの議論はあなたご自身のことを指しているようです。なにしろあなたときたら、わたしたちからも、よき支配者だとあなたがご自分で認めていらっしゃる神々からも、離れて行かれるのに、そんなに平然としていらっしゃるのですから」

B「なるほど」とあの方は言われました、「君たちは、僕が法廷でしたように、それらのことに関して弁明すべきだと言いたいらしいね」

「そうです」とシミアースが答えました。

「では」とあの方は言われました、「君たちに対して、裁判官に対してよりも、もっと得心がゆくように、弁明を試みるとしよう。

シミアースとケベース、もし僕がこれから行くのは、まず第一に、この世の神々とは別の、賢明で善良な神々のもとへであり、更にまた、この世の人々よりもすぐれた、すでに亡《な》き人々のもとへであると考えているのでないとすれば、僕が死を厭《いと》C わないのは間違っているだろう。だが、僕にはよき人々のもとへ行くのだという希望があることをよく知ってもらいたいのだ。もっともこの希望は必ず実現するとは言いきれないがね。しかしもう一方の非常によい主人である神々のもとへ行くのだということのほうは、何かこのようなことで断言し得ることがあるとすれば、これ

こそまさにそうだということを、よく承知してもらいたい。こういうわけで、僕は
それほど嘆きはしないのだ。いや、僕は死んだ人々にとって何かがある、しかも昔
から言われているように、よき人々にとっては、悪《あ》しき人々にとってよりもはるか
によい何かがある、という希望を持っているのだ」
「では、ソークラテース」とシミアースが言いました、「あなたはそのお考えを自
分だけにしまっておいて、行っておしまいになるおつもりですか、それともわたし
D たちにも分けてくださるのでしょうか。それはわたしたちにも分けられるべきよき
ものであるように思われますし、それにまた、もしあなたのおっしゃることをわた
したちに納得させることがおできになれば、あなたにとって弁明にもなりましょ
う」
「ではやってみるとしよう。しかしそのまえに、このクリトーンが、さっきから僕
に言いたそうにしているのが、なんだか聞いてみてからにしようではないか」
「なんでもないのだ、ソークラテース」とクリトーンが答えられました、「ただね、
君に毒を渡す役のものが、さっきから僕に、なるべく話をしないよう君に注意して
E くれと言っているのだ。あんまり話をすると熱があがって、この毒薬にはよくない
というのだ。気をつけないと、そういうことをする人の中には、ときには二度も三

度も毒を飲まなければならなくなる者があるそうだ」

「放っておきたまえ」とソークラテースが答えられました、「彼にはただ自分の仕事のことだけ心配させ、二度でも、必要とあれば三度でも、毒を渡せるように用意させたらいい」

「そう言うだろうと思っていたよ」とクリトーンが言われました、「ただ、さっきからあまりうるさく言うものだから」

64「捨てておくがいい。さあそれでは裁判官である君たちに向って、生涯を正に哲学の中に送った人は、死にのぞんで恐れず、死後にはあの世で最大の幸福を受ける希望に燃えているのが当然だという、僕の確信の根拠を示したいと思う。どうしてそういうことが可能なのか、シミアースとケベース、それを僕は説明するように努力してみるつもりだ。

いったい真に哲学にたずさわる人々は、ただひたすら死ぬこと、死を全うすることを目ざしているのだが、ほかの人々はおそらく、これに気づかないのであろう。ところでもし哲学者がひたすら死を求めてきたのが本当なら、一生のあいだただそれだけを求めてきて、いよいよその時が来ると、長い間求め励んできた当のものを前にして嘆くというのは、まことにおかしなことではないだろうか」

シミアースが吹き出して、こう言いました、「いや全く、ソークラテース、あな
Bたには思わず笑わされてしまいました、ついいましがたまで、わたしは笑う気持なんか少しもありませんでしたのに。誰だっていまのお言葉を聞けば、哲学者にうってつけのことを言われたと思うでしょう。わたしのところの人間でしたら大賛成するにちがいありません。全くもって哲学者などというものは、死人も同然であり、死ぬのがちょうど適当だということぐらい、自分たちだってよく知っている、と彼らは言うでしょうよ」

「しかも彼らの言うとおりなのだよ、シミアース。もっとも、よく知っているということだけは別だがね。というのは彼らは真の哲学者たるものが、いかなる意味で死人も同然なのか、いかなる意味で死ぬのが適当なのか、またいかなる死が彼らに
Cふさわしいのか、ということを全く知らないからだ。さあ彼らのことは捨てておいて、われわれだけでそれらについて話し合おうではないか。われわれは何か死というものがあると考えているね？」

「もちろんです」とシミアースが答えました。

「それはほかならぬ魂の肉体からの離脱ではないか。死んでしまったということは、肉体が魂から離れて肉体だけになり、他方魂が肉体から離れて魂だけになることで

はないか。死とはこれ以外のものであり得るだろうか」

「いいえ、正にそういうことです」

D「では君、よく考えてみてくれたまえ、君も僕に賛成かどうか。僕はこういうふう
にみてゆけば、われわれの問題にしていることが、もっとよくわかってくるのではないかと思う。哲学者たるものが、いわゆる快楽、たとえば飲食の楽しみといったものに夢中になると思うかね？」

「とんでもありません、ソークラテース」とシミアースが言いました。

「では性の快楽には？」

「決して」

「その他もろもろの肉体についての関心は？　いま言ったような人がそういうことを重くみるだろうか。たとえば他人より立派な衣服とか靴を買うことや、その他一
E般に肉体を飾ることを重くみるだろうか。それとも最小限の必要以上に、そんなも
のに心をわずらわすことを軽蔑《けいべつ》するだろうか」

「軽蔑すると思います、本物の哲学者なら」

「一般に、そのような人の関心は、肉体にではなく魂に向けられているとは思わないか、彼が肉体から離れることが可能なかぎりは」

「思います」

65 「それではまず第一に、いまあげたような事柄において、哲学者というものは普通
人とは違って、魂を肉体との結びつきからできるだけ解放しようとするものだ、と
いうことが明らかではないか」

「そうです」

「そしてシミアース、世間の人々にとってはね、いまあげたような事柄になんらの
楽しみをも見《み》出《いだ》さず、それにあずかることもない人間など、生きるに値しないとい
うことになるのだ。彼らにとっては、肉体的快楽に全然興味をもたないような人間
など、死んだも同然なのだ」

「全くおっしゃるとおりです」

「さあそれでは、知恵の獲得そのものについてはどうだろう？　肉体は妨げになる
B のか、ならないのか、もしその探究にあたって人がこれと協力するならばだ。つま
りこういう意味だ。視覚や聴覚は、人間になんらかの真実を教えるのか、それとも
その点についてなら詩人でさえ、（二）いつもくりかえしわれわれに語ってくれているの
ではないか、われわれの見聞きすることは何一つ厳密ではないと。しかも、もし肉
体のもつこの二つの感覚が厳密でも確実でもないとすると、ほかのものはいうまで

もない。いずれもこの二つよりは劣っているのだから。そうは思わないか」

「思います」

「では、いつ魂は真実に触れることができるのか。肉体と共に何かを探究しようとするときには、肉体によって欺《あざむ》かれるのは明らかである」

C「仰《おお》せのとおりです」

「それでは、いやしくも真実が少しでも魂に明らかになることがあるとすれば、それは思惟《しい》することにおいてではないか」

「はい」

「ところが思惟が最も見事に働くのは、魂が聴覚、視覚、苦痛、快楽といった肉体的なものにわずらわされることなく、肉体を離れて、できるだけ魂だけになって、肉体との協力も接触も能《あた》うかぎりこばみ、ものの真実を追求するときなのだ」

「そうです」

D「だからこの点でもまた、哲学者の魂は、できるだけ肉体を蔑視し、それから逃れ、魂だけになろうとするのではないか」

「確かに」

「ではこういう場合はどうだろう、シミアース？　われわれは正しさそのものというものがあることを認めるかね、それとも認めないか」

「認めますとも」

「また美とか善は？」

「もちろん」

「では君は、いままでにそういうものをどれか目で見たことがあるかね？」

「いいえ、決して」

「ではそれらを、視覚以外の身体的感覚によってとらえたことがあるか？　僕はあらゆるものについて言っているのだ。たとえば大きさ、健康、強さ、その他要する
E に、すべてのものの本質、すなわちすべてのものがそれであるところのものについてね。いったいそれらのものの真実は肉体によってみられるものであろうか。それともこうではないか。われわれのうちで、自分が研究している個々の対象そのものを、最もよく最も厳密に考察する訓練をしたものこそ、それぞれのものの認識に最も近づくことになるのではないか」

「そのとおりです」

「したがって最も純粋な認識に到達し得るのは、次のような者ではないか。すなわちできるだけ思惟そのものだけを用いてそれぞれの対象に近づき、視覚を思惟の助

66 けに用いたり、そのほかなんらかの感覚をひっぱりこんで思惟と一緒に用いたりせずに、純粋な思惟そのものを用い、それぞれの対象を純粋にそれ自体として追求しようとつとめ、目や耳やいわゆる肉体全体については、これらと共にあれば、魂は搔《か》き乱され、真実と知恵とを得ることができないとして、それからできるだけ離れる者、シミアース、もし誰か真実在を捉《とら》えるものがあるとすれば、それは正にこのような者ではないのか」

「本当におっしゃるとおりです、ソークラテース」とシミアースが答えました。

B 「さて、以上の考察から、真の哲学者たちの心には、次のような考えが浮び、おたがいにこんなふうに話し合うに違いない。

『どうもわれわれを目的地に連れてゆくいわば抜け道のようなものがあるらしい。なぜならわれわれが肉体を持ち、われわれの魂が肉体的な悪と離れがたく結ばれているかぎり、われわれは決して求めているもの、すなわち真実を、十分には獲得し得ないだろうから。

C 肉体は、これを養う必要のためにわれわれに無数の面倒をかけるものだ。それに病気にでもなろうものなら、われわれの真実の探究は妨げられてしまう。そのうえ肉体は恋情や欲望や恐怖やあらゆる種類の空想や数々のたわごとなどで、われわれの心を満たすので、諺《ことわざ》にもいわれるように、われわれは肉体があるために、何ごとにつけ、瞬時も考えることができないというのは、正に本当なのだ。戦争も内乱も戦いも、みんな肉体とその欲望が起すものではないか。なぜならすべての戦争は物D の獲得のために起るのだが、われわれが物を獲得しなければならないのは肉体があるためであり、奴隷《どれい》のように肉体に奉仕しなければならないためである。したがってこれらすべての理由によって、われわれは哲学に励むひまを持たない。しかし何よりも最も悪いことは、たとえわれわれがしばらくのあいだ肉体からひまをとって、何かの探究に向ったとしても、その研究のさなかにあって、またまた肉体が至るところで邪魔をして、われわれの心を掻き乱し、混乱させ、驚かせ、その結果われわれは肉体のおかげで真実を見ることができなくなることだ。

E　もし何かを純粋に見ようとするなら、肉体から離れて、魂そのものによって、物そのものを見なければならないということは、われわれには確かに明白な事実なのだ。そして思うに、そのときにこそ、われわれが求め、恋い焦《こ》がれているというもの、すなわち知恵が、われわれのものになり得るのだ。われわれの議論の示すように、それは死んでからであって、生きているうちには不可能なのだ。なぜなら、もしわれわれが肉体と共にあっては、何ごとをも純粋に捉えることができないとすれ

ば、残るところは二つに一つ、つまり決して知に到達し得ないか、あるいは死後に
67 ではないか。死んで初めて、魂は肉体から離れ純粋に魂だけになるが、それまでは
不可能なのだからね。
　そして生きているあいだは、次のようにすれば知に最も近づき得るだろうと思う。
すなわちどうしてもやむを得ない場合以外は、できるだけ肉体と交わったり共同し
たりすることを避け、肉体の本性に染まず清浄であるようにつとめ、神ご自身がわ
れわれを解き放してくださるのを待つことだ。こうして肉体の愚かさから離れて清
浄であれば、われわれはおそらく同じように汚れない人々と共にあり、われわれ自
B 身を通してすべての汚れない真実を知るに至るであろう。清浄でないものが清浄な
ものに触れることは許されないことだから』
　シミアース、真に学ぶことを愛する人々は、きっとみんなたがいにこんなふうに
語り合い、また考えるに違いないと僕は思う。君にはそうは思われないか」
「全くそう思われます、ソークラテース」
「では」とソークラテースが言われました、「もしそれが本当なら、ねえ君、僕が
これから行こうとしているところに到達したなら、もしどこかで得られるものなら、
そこでこそ、これまでの人生において、そのために大いに苦労してきた当のものが、

Cすっかり手に入るという大きな希望が持てるわけではないか。だから僕は楽しい希望にもえて、いま僕に命ぜられているこの旅に出かけるのだ。しかもこれは僕だけでなく、心が浄化され準備ができていると思う人は誰でもそうなのだ」

「本当にそうです」とシミアースが答えました。

「浄化《カタルシス》とは、さっきから論じられてきたように、魂をできるだけ肉体から切りはなし、そして魂が肉体のあらゆる部分から自分自身へと集中し、結集して、いわば肉D体のいましめから解放され、現在も、未来も、できるだけ純粋に自分だけになって生きるように、魂を習慣づけることを意味するのではないか」

「そうです」

「ではこのこと、つまり魂の肉体からの解放、離脱が死とよばれるのではないか」

「はい」

「そしてわれわれの言うところでは、魂の解放を最も熱望するのが真の哲学者であり、と言うより彼らのみがそれを熱望するものであり、哲学者の仕事とは正にこのこと、すなわち魂の肉体からの解放にほかならない。そうではないか」

「そうです」

E「だから最初に言ったように、生きているときに、できるだけ死に近くあるようにとつとめてきた者が、いざその死がおとずれたときに嘆いたりしては、滑稽《こっけい》ではないか」

「それは滑稽ですとも」

「だから、シミアース、真の哲学者が死ぬことを心がけているものであり、彼らが何びとよりも死を恐れないものであるということは本当なのだ。

こういうふうに考えてみたまえ。もし彼らがいつも肉体と争い、魂を魂だけにし
たいと願っておきながら、それがいざ実現するとなると、恐れたり嘆いたりすると
68したら、随分不合理ではないか。そこへ行けば、生涯恋してきたものである知恵が
手に入り、争いつづけてきた相手と一緒にいることから解放される希望があるのに、
そこへ行くのを喜ばないとはね。

対象が人間である場合には、つまり恋人や妻や息子たちに死なれた場合には、あ
の世で求める人にめぐりあい、一緒になれるという希望にかられて、あとを追って
B自分からハーデースにおもむこうとした人は多い。ところが真に知恵を愛し、ハー
デースにおいて、ただそこにおいてのみ、それに正々堂々と会えるという同じ希望
を持つ人が、死にのぞんで嘆き、あの世へ行くのを喜ばないなどということがある
だろうか。喜ぶにきまっているではないか、ねえ君、もし彼が真に哲学者であるな

らばね。なぜなら彼は、あの世以外のところでは決して純粋な知恵に到達できないことを、確信しているのだから。さて、いま述べたことが事実であるなら、もし哲学者が死を恐れるとしたら、随分おかしなことではないか」

「全くおかしなことです」

C「そうすると、もし死にのぞんで嘆く者を見たら、それは、その男が知を愛するのではなくて肉体を愛するものだったことの、十分な証拠になるのではないか。そしてその同じ男は、おそらく金銭を愛するものでもあり、名誉を愛するものでもあるだろう、それらのいずれか一方であるか、または両方であるかもしれない」

「全くおっしゃるとおりです」

「ところで、シミアース、勇気とよばれるものも、いま述べたような真の哲学者に最もふさわしいものではないか」

「そうです」

「それから節制、多くの人々が節制となづけているもの、つまり欲望に動かされることなく、これを軽蔑《けいべつ》し節度を保つことだが、これもまた、肉体にはできるだけかかわることなく、哲学のうちに生きる人々にのみふさわしいのではないだろうか」

D「そうなければなりません」

「もしそれ以外の人々の勇気や節制を考えてみようとすると、それらは随分妙なものに思われるだろうね」

「どういうわけで、ソークラテース？」

「哲学者以外の人々は誰も死を一つの大きな悪だと考えていることはわかるね？」

「はい」

「そして彼らのうちで勇気のある人々が死に耐えるのは、死よりも大きな悪を恐れるからではないか」

「そうです」

「してみると哲学者以外の人々は、恐れと恐怖とによって勇敢である。しかし人が恐怖と臆病《おくびょう》とによって勇敢であるというのは、不合理ではないか」

E「そうですとも」

「では今度は、彼らのうちで節度ある人々の場合はどうだろう？ これも同じでは
ないか。つまり彼らは一種の放縦のゆえに節度があるのではないか。いや、そんな
ことは不可能だと言ってみたところで、彼らの場合、その素朴な節制というのは、
結局そんなふうなものになるのだ。彼らはある快楽を熱望し、それを奪われるのを
69恐れて、つまりある快楽に支配されて、別の快楽を節している。快楽に支配される

ことを、彼らは放縦とよんではいるが、実際は、彼らがある快楽を支配しているのは、別の快楽に支配されてのことなのだ。そしてこれは、僕がいま言ったこと、すなわち彼らはある意味で放縦のゆえに節度があるということに一致する」

「確かに」

「いいかい、シミアース、こんなふうに、快楽と快楽、苦痛と苦痛、恐怖と恐怖を、まるで貨幣でもあるかのように、大きいのと小さいのとを交換するのは、徳を得るための正しい交換とは言えないだろう。そうではなくてわれわれがこれらすべて
B をそれと交換すべきただ一つの真正な貨幣があるだろう。知恵こそそれなのだ。そしてもしすべてが、それを得るために、あるいはそれを用いて売買されるなら、そのときこそ真の勇気、節制、正義、一言にして言えば、真の徳が存在するのだ。

　真の徳は知恵をともなうものであって、快楽、恐怖その他すべてそういうものが加わろうが、取去られようが、それは問題ではない。しかしこれらが知恵から切りはなされて、相互のあいだで交換されるならば、そのような徳は、いわば絵に描い
C た餅《もち》にすぎないのであり、まこと奴隷の徳であり、なんらの健全さも真実も含まないであろう。真の徳とは節制であれ、正義であれ、勇気であれ、すべてそのような情念からの正に浄化であり、知恵こそこの浄《きよ》めの役を果すものではないか。

あの、われわれのために浄めの秘儀なるものを作ってくれた人々も、おそらく軽
蔑すべきではないのかもしれない。あの人たちが昔から語っていたこと、つまり秘
儀によって浄められることなしにハーデースに至るものは泥土の中に横たわり、秘
儀を受けて浄められてから、かの地に至るものは神々と共に住むであろうと語って
Dいたことは、実は謎《なぞ》の言葉でこのことを暗示していたのではないだろうか。実際、
秘儀にたずさわる人々が言うように、『バッコスの杖《つえ》を持つ人は多いが、真実のバ
ッコスのしもべは少ない』僕の考えでは、このバッコスのしもべとは真に哲学にた
ずさわる人々にほかならない。

僕もそういう人々の一人になりたいと、一生のあいだ、できるだけ何一つおろそかにせず、あらゆる努力を続けてきた。僕の努力が正しかったか、何らかの成果をおさめ得たかどうかは、あの世へ行ったときに、明らかになし得るであろう、もし神が望み給《たま》うならば。思うに、そのときはもうすぐなのだ。

これが、シミアースとケベース、僕の弁明だ。僕が君たちやこの世の主人たちか
Eら離れてゆくにあたって、あの世でも、この世と同じように、よき主人たちや仲間
たちに会えるだろうと確信して、苦しみも嘆きもしないのはなぜか、ということの
ね。もしこの弁明で、僕がアテーナイの裁判官たちを納得させたより、もっとよく

君たちを納得させたのなら、うれしいことだが」

ソークラテースがこう語り終えられると、これに答えてケベースが言いました。

「ソークラテース、ほかの点はおっしゃるとおりだと思いますが、魂について述べ
70 られたことだけは、人々になかなか受けいれられないのではないかと思います。魂
は肉体を離れると、もうどこにも存在せず、人間が死んだその日に滅びて、なくなってしまうのではないか、肉体から抜出すとすぐに、まるで息か煙のように飛び散り消え去って、もうどこにもあとかたもなくなってしまうのではないかと、彼らはこんな疑いをいだいています。

もし魂が自分自身に集中し、いま言われたような諸々《もろもろ》の悪から解放されて、どこ
B かに自分だけで存在するとしたら、ソークラテース、確かにあなたのおっしゃった
ことが真実であるという、大きなすばらしい希望を持つことができましょう。しかし人間が死んでもその魂はなお存在し、なんらかの力と知恵とを持ちつづけるということは、おそらく少なからぬ説得と証明を必要といたします」

「君の言うとおりだ、ケベース」とソークラテースは言われました、「それではど

うしようか？　それらの問題について、本当にそうなのかどうか、よければ話し合ってみようではないか」

「もちろんわたしは、あなたがそれについてどうお考えになるのか、ぜひ伺いたいものです」

「少なくとも」とソークラテースは言われました、「いまこの話を聞いて、僕がおCしゃべりで、自分にかかわりのないことについてしゃべりちらしているなどという者は誰一人として、たとえ喜劇作者だって、いないだろうからね。だから、もし君たちさえよければ、徹底的に究明してみなければならない。

さて、問題をこんなふうに考えてみようではないか。いったい、人間が死んでから、魂はハーデースに存在するのか、しないのかと。ところで前にもあげた古い説（63C、69C）によると、魂はこの世からあの世へ行って、そこに存在し、そしてふたたびこの世へ帰ってきて、死んだ人々から生れかわるということだ。もしそうDなら、つまり生あるものが死んだものの生れかわりならば、われわれの魂はあの世に存在するはずではないか。なぜならもし存在しないなら、ふたたび生れてくることはできないわけだからね。したがって、もし生あるものが死んだものからしか生れないということが本当に明らかになりさえすれば、このことは魂がハーデースに存在することの十分な証明になるわけだ。だがもしそうでないとすれば、別の議論が必要になるだろう」

「そうです」とケベースが答えました。

「では、もし君がもっとわかりやすくしたいと願うなら、このことをただ人間の場
合についてだけ考えるのではなく、あらゆる動物や植物について、一言にして言え
E ば、生成するかぎりのすべてのものについて、万物が果してそのようにして生れる
ものかどうか、つまり一般に、相反するもののあいだでは、一方は必ずそれと反対
の他方から生じるのかどうか、考えてみなければならない。相反するものの例とし
ては、美と醜、正と不正、そのほかいくらでもあげることができる。

そこで問題は結局こういうことになる。Aに対して反対のものBがあるなら、Aは必ず自分に反対のBから生じ、B以外からは決して生じないのか。たとえば何かがより大きくなるとすれば、それは必ず以前のより小さかった状態から、後に大きくなるのではないか」

「そうです」

71 「ではまた、それがより小さくなるなら、以前のより大きかった状態から、後に小
さくなるのではないか」

「そうです」

「そしてより強い状態からより弱くなるのであり、より遅い状態からより速くなるのだね？」

「はい」

「では何かがより悪くなるのはより善い状態からであり、より正しくなるのはより不正な状態からではないか」

「そうですとも」

「これで、万物はそういうふうに自分に反対のものから生じることが、十分にわかったわけだね？」

「はい」

「ではどうだろう、これらの事物についてこんなことも言えないだろうか。つまりBすべて相反する二つのもののあいだには、AからBへと、逆にBからAへとの、二つの生成の過程がある。大きいものと小さいものとのあいだには、増大と減少という二つの過程があり、一方の場合を増大すると呼び、もう一方を減少すると呼ぶのではないか」

「そうです」

「それでは、『分離する』と『結合する』、『冷たくなる』と『熱くなる』等々、すべてこうではないか。ときには呼び名がない場合もあるが、ともかくも事実としては、必ずこうでなければならないのではないか。つまり相反するものは、たがいに相手から生じるのであり、それぞれから反対のものへの生成の過程があるのだ」

「そのとおりです」

C「では、生きていることに反対のものが何かあるだろうか。目覚めていることに対して眠っていることがあるように」

「ありますとも」

「何だ?」

「死んでいることです」

「それらが相反するなら、おたがいから生じるのであり、それら二つのあいだには、二つの生成の過程があるのではないか」

「そうです」

「では、いま僕が述べた二組の一対のうち、一組のほうは僕が君にその名前と生成の過程とを言おう。もう一組のほうは君が僕に言ってくれないか。僕が言うほうは、

D眠っていることと目覚めていること、眠っていることから目覚めていることが生じ、

目覚めていることから眠っていることが生じ、それら二つのあいだの生成の過程は、眠りにつくことと目覚めることとである。これでいいかね？」

「結構です」

「では君も僕に生きていることと死んでいることとについて、こういうふうに言ってくれたまえ。君は死んでいることは生きていることの反対だと言うのではないかね？」

「そうです」

「そしてそれらはおたがいから生じるとね？」

「はい」

「では生きているものから生じるのは何かね？」

「死んでいるものです」

「死んでいるものからは？」

「もちろん生きているものだということを認めざるを得ません」

「そうすると、ケベース、生あるかぎりのものや生きている人間は、すべて死んでいるものから生じるのだね？」

E「そう思われます」

「だからわれわれの魂はハーデースに存在している」

「そういうことになるようです」

「それでは、これらについての二つの生成過程だが、少なくとも一方は明白ではないかね。というのは死ぬということは明白な事実だから。そうではないか」

「そうです」

「それで、どうしたらよかろう？　死に対しては、その反対の生成過程を対応させないで、自然はこの点でかたちんばだとしておこうか。それとも死ぬことに対しても、何か反対の過程を対応させなければならないだろうか」

「もちろんさせなければいけません」

「では何を？」

「生きかえることをです」

72 「それなら、もし生きかえるということがあるのならば、その生きかえるということは、死んでいるものから生きているものへの生成だということになるね？」

「はい」

「そこでわれわれは、死んでいるものが生きているものから生じると同じように、生きているものは死んでいるものから生じるということに同意することになるね。

ところでもしそうなら、たしかそのことは、死んだ人たちの魂が必ずどこかにあって、そこからふたたび生きかえるということの、十分な証明になるはずだったね？（70Ｄ）」

「ソークラテース、わたしたちが同意したところからは、当然そうなると思います」

「そしてケベース、われわれが同意したのは間違っていなかったと僕は思う。こう
B 考えてみたまえ。もし一方の生成が常に他方の生成に対応して、いわば円環をなすのでなければ、もし生成があるものからその反対のものへと、直線的になされるだけで、またもとへもどってくることも、向きをかえることもないならば、すべてのものはしまいには同じ形をもち、同じ状態になり、生成をやめてしまうだろう、わかるかね？」

「どういう意味ですか？」

「何もむずかしいことを言っているのではない。たとえば眠りにつくということだけがあって、眠っている状態から目覚めるということがそれに対応して生じないと
C したら、その結果は、君にも分るように、ついには万物は、あのエンデュミオーン（二）さえ意味のないものにしてしまうだろうよ。なにしろほかのものがみんな同じよう

に眠りつづけていることになるのだから彼は目だたなくなってしまうわけだ。またもし万物が結合するだけで、分離しないならば、たちまちアナクサゴラースの言う(一三)『万物は混沌《こんとん》としている』ことになろう。

ねえ、ケベース、同じようにして、生あるものがすべて死んでいって、いったん死ぬと、死者はその状態にとどまり、ふたたび生きかえることがないならば、しまDいには必ずや、すべてのものが死に絶えて、生きているものは何一つ無くなってしまうのではないか。なぜなら生あるものが死者以外のものから生れ、他方生あるものが次々と死んでゆくとしたら、万物が消耗されつくし、死滅してしまうのを避ける、どんな手段があるだろう?」

「何一つあるとは思えません、ソークラテース」とケベースが答えました、「全くあなたのおっしゃるとおりです」

「そうだ、ケベース、これ以上確かなことはないと僕は思う。だからわれわれがこの点に同意するのは、決してだまされているのではない。生きかえるということも、E生きているものが死んでいるものから生れるということも、死者の魂が存在するということも、すべて事実なのだ」

「ところで、ソークラテース」とケベースがそれに対して言いました、「あなたが

いつもよく言っておられる、われわれにとって学ぶことは想起にほかならないとい
うあの説ですが、もしあれが正しければ、その結果として当然、わたしたちはいま
73 想起するものをすでに学んでしまっていなければならないことになります。しかし
それは、われわれの魂がこの人間の形をとって生れてくるまえに、どこかに存在し
ていたのでなければ不可能です。ですから、ここにも魂が不死であることを示すも
のがあるようです」
「だけど、ケベース」とシミアースが口をはさんで、「その想起説の証明というの
はどうだった？　思い出させてくれないか。いまよく覚えていないのでね」
「一つの見事な証明というのはね」とケベースが答えました、「人間は質問される
ことによって、もしその質問が上手にされさえすれば、ものごとがどうなっている
かを自分ですべて説明することができる、ということだ。しかもこのことは、もし
B 人間が知識や正しい説明を自分の中にすでに持っているのでなければ、不可能では
ないか。このことはさらに、幾何学の図形そのほかそのようなものを用いれば、こ
のうえなく明瞭《めいりょう》に証明されるのだ」
「もしそれで君が満足しないのならばね、シミアース」とソークラテースは言われ
ました、「こんなふうに考えてみたら、僕に同意できないだろうか。どうも君には、

いわゆる学ぶということがどうして想起なのか信じられないようだから」

「信じられないのではなくて」とシミアースが言いました、「いま問題にされている、正にそのこと、つまり想起をやってみたいというだけなのです。実はもうほとんど、ケベースのしてくれた説明で想起しましたし、納得もゆきました。しかしあなたがどう説明してくださろうとしたのか、いまでもやはりお聞きしたいと思います」

C「それはこうなのだ。何かを想起するには、それをいつか以前に知っていたのでなければならない、ということにはわれわれはおそらく同意するね？」

「はい」

「では次のような仕方で何かを知ることが想起であるという点にも、同意できるだろうか。どんな仕方かと言えば、こうなのだ。人は視覚、聴覚その他の感覚によって何かを捉《とら》えるとき、その当のものを知るだけでなく、別のものを——両者は同一の知識ではなく、それぞれ別の知識の対象だと考えたほうがよいが——思い浮べるDならば、この思い浮べたものを想起したのだというのは、正しくはないだろうか」

「どういう意味でしょうか」

「たとえばこういうことだ。人間を知ることと琴を知ることとは別の知識だね？」

「そうです」

「ところで恋をしている人々が、彼らの恋人がいつも使っている琴とか、上着とか、そのほかそういったものを見て、次のような経験をすることは、君も知っているね？　彼らは琴を見ると、その琴の持主である少年の姿を心に思い浮べるのではないか。これが想起なのだ。誰かがシミアースを見て、よくケベースを思い浮べるのもそうだし、ほかにもそういうことはいくらでもあるだろう？」

「はい、確かにいくらでもあります」とシミアースが答えました。

E「ではそういうことが一種の想起ではないか。ことに時の経過と無関心とのためにすっかり忘れてしまっていたものについて、そういった経験をした場合にはね」

「本当にそうです」

「ではどうだろう？　馬の絵や琴の絵を見て、人間を思い出したり、あるいはシミアースの肖像画を見て、ケベースを思い出したりすることはあるだろうか」

「もちろんです」

「ではシミアースの肖像画を見てシミアースその人を思い出すことは？」

74「ありますとも」

「そうするとこれらすべてから、想起とは似ているものによって起る場合と、似ていないものによって起る場合とがあることになるのではないか」

「そうです」

「そして似ているものによって何かを想起する場合だが、その場合われわれは想起すると共に、必ず次のようなことを合せ考えてみるのではないか。つまり現に知覚されている対象は、それによって想起されたものと似てはいるが、何か欠けたところがありはしないかと」

「もちろんです」

「では次に、これはどうか考えてみてくれたまえ。等しさというものがある、と言われるね。僕の言うのは、木材が木材に等しいとか、石が石に等しいとか、そういった類《たぐ》いの等しさのことではなく、それらすべてとは別のもの、つまり等しさそのもののことなのだ。われわれはそういうものがあるということを認めるね？　それとも認めないだろうか」

B「誓って認めますとも、確かに」とシミアースが言いました。

「そしてわれわれは、等しさがそれ自身何であるかを知っているね？」

「はい」

「その知識をわれわれはどこから得たのだろう？　いま述べたような事物からでは

ないだろうか。つまり木材とか石とか何かそういったものがたがいに等しいのを見て、それらから、それらとは別の、あの等しさそのものを考えたのではないだろうか。それとも君には、等しさそのものが等しい事物と別のものだとは思えないかね？　ではもう一度、こうも考えてみよう。等しい石や木材が、同一のものでありながら、ある人には等しく見え、ある人には等しく見えないということが、よくあるのではないか」

「あります」

C「ではどうかね、等しいものそのものが等しくなく見えたり、等しさそのものが不等に見えたりしたことが、君にはあるかい？」

「決してそんなことはありません、ソークラテース」

「だからそれらの等しい事物と、等しさそのものとは、同じものではない」

「決して同じだなどとは思われません、ソークラテース」

「しかし君は、等しさそのものとは別のものである、それらの等しい事物から、かの等しさそのものを思い浮べそれを知るに至ったのではないか」

「おっしゃるとおりです」

「この等しさそのものは、その機縁になったものに似ているかいないかのどちらかだね？」

「そうです」

「それはどちらであってもかまわない。ただ君が何かを見て、それを見たことから
Dほかの何かを思い浮べるのであるかぎり、それが似ているいないにかかわりなく、このことが必然的に想起なのだ」

「そうです」

「ではどうだろう、木材その他、いま述べたようないろいろの等しい事物について、われわれはこんな疑問を持つのではないか。果してそれらは、われわれに、等しさそのものと同程度に等しく思われるか、それとも、それらは等しさそのものとそっくりであるには、何か欠けたところがありはしないかと」

「大いに欠けています」

「ではこういうことには同意しないかね？　もし誰かが何かを見て、いま自分が見
Eているものはほかのあるものに似たものでありたいと願ってはいるけれども欠けていて、そのあるもののそっくりであることができず劣っているのだ、と考えるとすれば、彼は似てはいるけれども欠けているという、その規準になるものを、前に見たことがあるのでなければならない」

「もちろんです」

「ではどうだろう、等しい事物と等しさそのものとについても、われわれも同様の経験をしたことがあるだろうか」

「ありますとも」

「そうするとわれわれは、等しい事物を初めて見て、これらすべては等しさそのも
75 のでありたいと望んではいるのだけれども、等しさそのものよりは劣っている、と
考えるそのときよりもまえに、あらかじめ等しさそのものを知っていたのでなければならないね？」

「そうです」

「ところで、われわれは次の点でも意見が一致する。すなわちわれわれが等しさそのものという概念に到達したのは、また到達し得るのは、視覚、触覚その他の感覚による以外にはない。これらの感覚は、どれも同じものだと思うのだが」

「いま問題になっている点からは、ソークラテース、それらは同じです」

B 「さらにまた、感覚される等しい事物はすべて、かの等しさそのものを目ざしては
いるが、不完全なところがある、ということを知るのも、感覚によってでなければならない。そうではないか」

「そうです」

「だからわれわれは見たり聞いたり、そのほかの仕方で感覚し始めるまえに、等しさそのものが何であるかの知識を得てしまっていたのでなければならない。もしもわれわれが、感覚される等しい事物を、かの等しさそのものと比べて、それらの事物はすべてかのもののようでありたいと願いながら、実際は劣っているのだ、と考えるならば」

「いままで言われてきたことからは当然そうなります、ソークラテース」

「そしてわれわれは、生れるとすぐから、見たり、聞いたり、そのほかの感覚を用いたりしてきたのではないか」

「そうです」

C「ところがそれらの感覚よりも先に、等しさの知識を得てしまっていたのでなければならないというのが、われわれの主張だったね？」

「はい」

「そうすると、われわれは生れるまえに、その知識を得てしまっていなければならないね？」

「そうのようです」

「それで、生れるまえにその知識を得て、それを持ったまま生れてきたのだとすると、われわれは生れるまえにも、生れてすぐにも、等しさとか、より大とか、より小とかだけでなく、そのようなものをすべて知っていたことになるではないか。な
D ぜならいまのわれわれの議論は等しさに関するだけではなく、美そのもの、善そのもの、正義、敬虔《けいけん》、さらには、ぼくのいわゆる質疑応答に際して『ものそのもの』という刻印をおされる一切のものに関してなのだから。だからわれわれは、これらすべてについての知識を、生れるまえに得てしまっていたのでなければならない」

「そうですね」

「そして知識を得たうえで、生れかわるたびにいつもそれを忘れないでいるならば、われわれはいつも知識を持った状態で生れ、生涯知りつづけていなければならない。なぜなら知っているとはそういうこと、つまり何かの知識を得てから、それを保持していて失わないことにほかならないから。それとも、われわれが忘却というのは、シミアース、知識を失うことではないのか？」

E 「そのとおりです、ソークラテース」

「ところが思うに、もし生れるまえに知識を得て、生れるときにそれを失ってしまい、後になって感覚を用いて、これらのものについて以前に持っていたあの知識を

とりもどすのであれば、われわれが学ぶということは、もともと自分のものであった知識を再把握することではないか。そしてこれを、想起とよんで正しいのではないか」

「はい」

76「なぜなら、何かを見たり、聞いたり、そのほかの感覚を用いて知覚したりして、その結果忘れてしまっていた別のものを、つまり似ているいないにかかわりなく、なんらかの関係にあったものを思い浮べるということは、少なくとも可能であることが、すでに明らかにされたからね。したがって、僕の言うように二つに一つなのだ。すなわちわれわれはみんなそれらの知識を持って生れ、生涯持ちつづけているか、あるいは、ものを学ぶという人々は、後になってから想起しているのであり、学ぶということは想起にほかならないか、このどちらかである」

「全くそのとおりです、ソークラテース」

「では君は、どちらのほうを選ぶかね、シミアース？　われわれは知識を持って生
B れてきたというほうか？　それとも以前に獲得した知識を後になって思い出すというほうかね？」

「ソークラテース、どちらのほうを選んでよいのか、まだわかりません」

「ではね、これなら、どちらかを選んで、君がそれについてどう考えるかを聞かせてもらえるだろうか。なんらかの知識を持っている人は、自分が知っている事柄について、説明することができるだろうか」

「もちろんできますとも、ソークラテース」

「ではすべての人が、いまわれわれが述べたものについて説明することができると、君は思うかね？」

「そうあってほしいものです」とシミアースが言いました、「しかし明日のこの時刻には、もうそれを立派になし得る人は、一人もいなくなってしまうだろうという心配のほうがはるかに大きいのです」

C「それではシミアース、君にはすべての人がそれを知っているとは思えないのだね？」

「はい」

「そうすると、人はかつて学んだものを想起するのだということになるね？」

「当然そうなります」

「ではいつわれわれの魂はそれらについての知識を得たのか。少なくとも人間として生れてから以後ではないね？」

「確かに」
「では生まれる以前だね？」
「はい」
「だから、シミアース、魂は、人間の形をとって肉体に宿る以前に肉体から離れて、
しかも知力を持って存在していたのだ」
「もし生れるその瞬間に、ソークラテース、それらの知識を得たのでなければの話
ですが。なぜならそういう機会がまだ残されていますから」
D「なるほどね。しかし君、それではいつそれを失うのかね？　少なくとも、それを
持ったまま生れてくるのでないということは、いま同意したばかりだからね。知識
を得たその瞬間にそれを失うのかね、それとも君はいつか別の時をあげることがで
きるかね？」
「いいえ、できません、ソークラテース。うっかりして無意味なことを言いまし
た」
「ではわれわれにとって事態はこうではないか、シミアース？　もしわれわれがい
つも話している美とか、善とか、すべてそのような実在が存在するならば、そして
E われわれが、それらがまえから存在し、われわれのものであったことを発見し、感

覚される事物をすべてこの真実在と関係させ、それと比較してみるならば、それらの真実在が存在すると同じように必然的に、われわれの魂も、われわれが生れるまえに存在していたことになる。しかし、もしそれらの真実在が存在しないならば、いまの議論は全く成りたたないことになるだろう。これがわれわれの現状ではないか。そしてこれらの真実在が存在するということと、われわれの魂がわれわれの生れるまえにも存在したということとは、同じ必然性を持っていて、前者が否定されれば、後者も否定されるのではないか」

「同じ必然性があるということは、ソークラテース、よくわかりました」とシミア
ースは答えました、「そしてこの議論が、われわれの魂が生れるまえに存在したと
77 いうことと、いまあなたが言われた、その真実在が存在するということとは同じ必
然性を持つという結論に到達したのは満足すべきことだと思います。なぜならわた
しにとっては、すべてこのような真実在が、つまり美とか、善とか、そのほかあな
たがさきほどあげられたすべてのものが、最も十分な意味において存在するという
ことぐらい明白なことはないからです。ですからわたしとしては、これで十分に証
明済みだと思います」

「ではケベースのほうはどうかね?」とソークラテースは言われました、「ケベー

スも説得しなければいけないからね」

「もう十分だろうと思います」とシミアースが答えました、「もっとも人の言うことをなかなか納得しないという点では、彼は誰にもひけをとりませんけれど。それでも、われわれの魂がわれわれが生れるまえに存在していたという点は、彼も十分納得したと思います。

B　しかしながら、われわれが死んでからも、魂はなお存在しつづけるかどうか、この点も証明されてしまったとは、ソークラテース、わたし自身にも思えません。さっきケベースが言ったことですが、多くの人々の恐れていることが、つまり人間の死と同時に魂は分散し、それが魂にとって存在の最後となるのではないかという心配が、まだ残っています。なぜなら魂がどこかほかのところから生れ、作られて、人間の肉体に入るまえにも存在していたとしても、肉体の中に入って、ふたたびそれから離れてゆくときがくれば、その時には魂もまた、寿命がつきて、滅びてしまって、どうして悪いのでしょうか」

C「そこだよ、シミアース」とケベースが言いました、「必要な証明はまだ半分しかできていないようだ。確かにわれわれの魂がわれわれが生れるまえに存在していたということは証明されたが、しかし証明が十分であるためには、さらに死んでからも生れるまえと同じように、魂は存在しつづけるという、その証明をつけ加えなければならない」

「もうすでに証明されているのだよ、シミアースとケベース」とソークラテースが言われました、「もし君たちが、いまの議論と、そのまえにわれわれが同意した、すべて生あるものは死んだものから生れるという議論とを、結びつけようとしてくれればね。なぜなら、魂が生れるまえにも存在し、その魂にとって生命を得て生れてくるのは、必ず死から、死んでいる状態からだけであるならば、魂は死後も存在しなければならないではないか。なにしろそれはもう一度生れてこなければならないのだからね。だから君たちの言う点は、もうすでに証明されているわけだ。

しかし君とシミアースは、この議論をなおもっとよく調べてみたいようだし、それに、魂が肉体から離れると、本当に風がそれを吹きとばし、散りぢりにしてしまい、しかもおだやかな日にではなく、風の強い日に死んだりすると、なおさらだと、君たちはまるで子供みたいにこわがっているようだね」

ケベースが笑って答えました、「こわがっているものとして、ソークラテース、わたしたちを説得するようにつとめてください。わたしたちはこわがってなどいないにしても、おそらくそんな恐れをいだいた子供がわたしたちの心の中にいるでしょう。ですから死をお化けのようにこわがったりしないように、その子供をなんとかなだめてやってください」

「それなら」とソークラテースは言われました、「お化けを追いはらうまで、毎日呪文《じゅもん》をとなえてやらなければ」

78 「ですが、ソークラテース、あなたがわたしたちを残して行ってしまわれたら、わたしたちはどこからそういう呪文のうまい人を見つけてくることができましょう?」

「ギリシアは広いのだ、ケベース。そこにはどこかにきっとすぐれた人々がいるはずだ。それにまた異国の人々も多い。君たちは費用も労力も惜しまず、これらの人々のあいだをくまなく経めぐって、そのような呪文者を探しもとめなければいけない。これ以上に適当なお金の使い方はないのだから。しかしまた君たち自身のあいだでも、探してみなければならない。なぜなら君たち以上にそれをする能力のある人は、そうたやすくは見つからないだろうからね」

B 「きっとやってみましょう」とケベースが言いました、「ですがもしよろしければ、いま話のそれたところへ、もう一度かえることにしてはどうでしょう」

「ああ、いいとも、そうすることにしよう」

「お願いします」

「それでは」とソークラテースは言われました、「われわれは自分自身に向ってこのような問を発してみるべきではないか。どのようなものが、その散りぢりになるという目にあうのがふさわしいのか、そういうことになりはしないかとわれわれが恐れるのはどのようなものについてであり、恐れなくてよいのはどのようなものについてなのかと。続いてさらに、魂はそのどちらであるかを調べ、その結果にもとづいて、われわれの魂について安心するなり、心配するなりすべきではないか」

「本当です」とケベースは答えました。

C「さてそれでは、合成されてできたものや、もともと合成物であるものは、それらが合成された同じ仕方で分解せざるを得ないのではないか。しかるに、もし合成物でないものがあるとしたら、ほかのものはいざ知らず、それだけは分解することがないのではないか」

「そのように思われます」とケベースが言いました。

「では常に同一で変化しないものが非合成物で、変化して瞬時も同一でないものが合成物であるとするのが、最もよいのではないか」

「そう思います」

D「それではさっきの議論で問題になった、あの『ものそのもの』にもどろう。われわれが質疑応答によってその存在を説明する真実在は、常に変らず同一なのであろうか、それとも変化するものなのであろうか。等しさそのもの、美そのもの、何であれ『ものそのもの』が、つまり真の実在が、たとえいかなる変化であれ、なんらかの変化を受けることがあるだろうか。それともこれらの、それぞれ単一の形を持ち、純粋に自分だけで存在する『ものそのもの』は、常に変化せず、同一の状態にとどまって、どのような時にも、どのような点でも、どのような仕方でも、なんらの変化をも、受けることがないのではないか」

「変化せず、同一でなければなりません、ソークラテース」とケベースが答えました。

E「ではさまざまの美しいもの、たとえば美しい人間、馬、上着、その他なんでもいいが、こういった類《たぐ》いのものは、どうであろうか。さまざまの等しいものは、どうであろうか。あるいは美しいものとか等しいものとかにかぎらず、一般にかの真実在と同じ名をもってよばれる事物（一四）はどうであろうか。これらの事物は果して常に同一の状態を保つのか、それともかの真実在とは正反対に、自分自身に対しても、相互にも、いわば一瞬たりとも、どのような仕方でも、同一の状態は保たないのではないか」

「そのとおりです」とケベースが言いました、「それらの事物は決して不変ではありません」

79「そういう事物を、君は手でさわったり目で見たりそのほかの感覚を用いて知覚したりすることができるが、不変なもののほうは、思惟《しい》の働きによって以外は、捉《とら》えられないのではないか。これらのものは不可視的であって、目で見ることができないのではないか」

「全くおっしゃるとおりです」

「では、存在するものには二種あるとしようではないか、可視的なものと不可視的なものと」

「そういたしましょう」

「そして不可視的なものは常に同一で、可視的なものは決して同一ではない」

「それもそういたしましょう」

B「ところで、われわれ自身は肉体と魂とからなるのではないか」

「そうです」

「そして肉体は、どちらの種類にいっそうよく似ており、種族的に近いと言おうか」

「可視的なものにであることは、誰にも明らかです」

「では魂は？　可視的かね？　それとも不可視的か」

「少なくとも人間の目には見えません、ソークラテース」

「しかしわれわれが見えるとか見えないとか言っていたのは、人間にとってという意味ではなかったのか。それとも君は、何かほかのものを考えているのかね？」

「人間にとってです」

「それなら魂についてどう言う？　それは可視的か、不可視的か」

「可視的ではありません」

「では不可視的だね」

「はい」

「そうすると、魂のほうが肉体よりもいっそう不可視的なものに似ており、肉体のほうは可視的なものに似ている」

C「どうしてもそうなければなりません、ソークラテース」

「ところでさっき（65B以下）こうは言わなかったかね？　魂が視覚、聴覚、その他の感覚を通して、つまり肉体の助けをかりて何かを考察する場合——というのは感覚を通して何かを考察するのは、肉体を通して考察することにほかならないからね――この場合魂は、肉体によって、瞬時も同一でない事物のほうへひっぱられ、そして魂自身さまよい、掻《か》き乱され、まるで酔ったようにふらふらする。なぜなら魂は、正にそのような対象に触れているからだと」

「おっしゃいました」

D「ところが、魂が純粋に自分だけで何かを考察する場合には、魂はあの、純粋で永遠で不死で不変な存在へとおもむき、そしてそのような存在と同族であるがゆえに、常にそれと共にあるのではないか、魂が純粋に自分だけとなり、それと共にあるのが可能であるかぎりはね。そして魂はもはやさまようことをやめ、あの実在のそばにあって、常に同一にして不変な状態を保つのではないか。なぜなら魂は正にそのような存在に触れているのだから。そして魂のこの体験こそ知恵とよばれるものではないか」

「お言葉は全く見事ですし、しかも真実です、ソークラテース」

E「先に言ったことと、いま言ったこととを合わせてみると、君の意見では、魂はいったいどちらの種類により似ており、種族的に近いのかね？」

「こういうふうに順々に考えてくれれば、ソークラテース、誰でも、どんなに頭の悪い者でも、魂はあらゆる意味で、不変でないものよりも、常に不変であるもののほうにより似ている、ということに同意するだろうと思います」

「肉体のほうはどうだろう？」

「もう一方にです」

80「それでは、次の点からも考えてみたまえ。魂と肉体とが一緒にいるとき、自然は、後者に対しては、隷属《れいぞく》し支配されることを命じ、前者に対しては、支配し主人たることを命じているという点だ。この点からしても、どちらが神的なものに似て、どちらが死すべきものに似ていると思われるかね？　本来神的なものは支配し導くことに、死すべきものは支配され隷属することに、適するとは思わないか」

「思います」

「では魂はどちらに似ているだろうか」

「もちろん、ソークラテース、魂は神的なものに、肉体は死すべきものに似ています」

B「それなら、ケベース、考えてみたまえ。これまで言われてきたすべてのことから、次のような結論に到達するのではないか。すなわち神的で、不死で、叡知《えいち》的で、単一の形をもち、分解することなく、常に不変で、自己同一であるもの、そのような種族のものにこそ、魂は最もよく似ており、他方、人間的で、死すべきで、種々の形をとり、叡知的でなく、分解しやすく、決して自己同一でないもの、そのようなものにこそ、肉体は最もよく似ていると。ねえ、ケベース、これに反対して、そうではないと証明する別の見解をあげることができるだろうか」

「いいえ、できません」

「ではどうだろう？　このとおりだとすると、肉体はその本性上、速やかに分解し、魂は全然分解しないか、あるいはそれに近い性質を持つのではないか」

C「そうです」

「そこで君も気づいているだろうが、人間が死ぬと、肉体という人間のうちの可視的な部分は――これは可視的世界に属し、屍《しかばね》とよばれ、もともと分解し、ばらばらになり、消えてしまうべきものだが、ただちにそういった目にあうのではなく、かなり長いあいだそのままでいる。その死んだときの身体の状態が適当であったり、季節がちょうどよかったりすれば、この期間は非常に長いこともある。じっさい死D体が枯れて、エジプトでやるようにミイラにされた場合など、驚くほど長いあいだほとんど完全なまま保存される。しかも肉体の一部、たとえば骨、腱《けん》、そのほかそういった部分はすべて、たとえ肉体は朽ちても残って、いわば不死であるとさえ言ってもいい。そうではないか」

「そうです」

「それなのに、魂という、この目に見えないもの、自分にふさわしい、高貴で、清
浄で不可視的な世界、文字どおりハーデースの（見えざる）国へ、善良で賢明な神
のもとへおもむくもの——神が望みたもうなら、私の魂もじきにそこへゆかなけれ
ばならないのだが——このようなわれわれの魂、このように生れついている魂が、
E はたして多くの人々の言うように、肉体から離れるとたちまち、吹きとばされ、滅
びてしまうのであろうか。そんなことは絶対にないのだよ、ケベースとシミアース。
　むしろ次のように考えたほうがずっとよいのだ。つまり魂が清浄な状態で肉体を
離れる場合を考えてみよう。この魂は肉体的なものは何一つひきずっていない。こ
れは、魂が一生のあいだ、自分からすすんで肉体と共同したことはなく、肉体を避
けて、自分自身へ集中してきたからであり、このことをいつも練習してきたからで
81 ある。この練習こそ、真に哲学することであり、真の意味で平然として死ぬことを
練習することにほかならない。それともこれは死の練習とは言えないだろうか」

「言えますとも」

「では魂はこのような状態にあれば、自分に似た不可視的なもの、神的で不死で叡

知的なものの世界へと去ってゆき、そこに至ると、放浪、愚かさ、恐れ、激しい欲情、そのほかもろもろの人間的悪から解放され、幸福を得るのではないか。そしてそれ以後は、ちょうど秘儀を受けた人々について言われるように、真に神々と共に生きるのではなかろうか。このようにケベース、われわれは言うべきではないだろうか。それとも、別の主張をなすべきかね？」

「ゼウスに誓って、そう言うべきです」とケベースが答えました。

B「それでは次に、魂が汚れて浄《きよ》められずに肉体を離れる場合を考えてみよう。これは魂が常に肉体と共にあり、それの世話をし、それを愛して、肉体とその欲望や快楽にまどわされ、その結果、肉体的なものだけが、つまり人が触れたり見たり、飲んだり、食べたり、性の満足のためにつかったりするものだけが、真実のものであると考え、肉眼にはかくされている不可視的なもの、叡知的であり、哲学によってとらえられるものを厭《いと》い、恐れ、避けるように慣らされてきたためである。君は、Cこのような状態にある魂が純粋に自分自身になって、汚れない姿で肉体を離れてゆくと思えるかね？」

「いいえ、とんでもありません」

「むしろ思うに、このような魂は、肉体的なものによってとらえられているのではないか。たえず肉体と共にあることによって、また肉体とのそのような交わり、交渉が、長いあいだの練習を通じて魂の中に植えつけた肉体的なものによって」

「そうです」

「そして、君、これは魂にとって重荷だと考えなければならない。重たくて、土の性質を持ち、可視的なものなのだと。いま述べたような魂は、それを持っているために重荷をおわされ、目に見えないものとハーデースの国とを恐れて、ふたたび可
D視的な世界へひきもどされ、よく言われるように、石碑や墓のまわりをうろつくのだ。それらのまわりには、影のような魂のまぼろしが見られるというが、これはいま言ったような、浄められないままで肉体から離れ、依然として可視的なものにかかずらわっている魂が投ずるまぼろしであって、それゆえ、人の目に見えるのだ」

「そうかもしれません、ソークラテース」

「そうかもしれないとも、ケベース。しかもそれはよき人々の魂ではなくて、くだらない人々の魂なのだ。これらの魂は、過去の悪《あ》しき生き方のつぐないとして、そ
Eういう場所をうろつかなければならないのだ。そして自分につきまとうもの、肉体的なものの欲望のために、ふたたび肉体の中に縛られるまで、さまよいつづけるのだ。

しかもおそらく、何であれ、彼らが生きていたあいだ、慣れ親しんできたような性質を持った生きものの中に縛られるのだろう」
「それには、どんなものがあるでしょう、ソークラテース？」
「たとえば大食いで、不節制で、大酒飲みで、といった生活に慣れて自制しなかっ
82
た人々は、おそらくろばとか、そういった類いの動物になる。そうは思わないか」
「本当に、そうのようですね」
「これに対して、不正や専制や貪欲《どんよく》を好んだものたちは、狼《おおかみ》や鷹《たか》や鳶《とび》の類いになるだろう。それともどこかほかにそうした魂の行く先がありうるだろうか」
「いいえ」とケベースが言いました、「そういった類いの中に入らせるがいいでしょう」
「ではそのほかのものも、どこへ行くかそれぞれ自分の慣れてきた生き方との類似によって、明らかではないか」
「ええ、明らかですとも」
「そしてこのような人々の中でいちばん幸福で、いちばんよいところに行くのは、
B
通俗的な市民道徳に励んだ人々ではないか。それは普通節制とか正義とかよんでいる、哲学や知性を欠いた、慣習や訓練から生じる道徳のことだがね」

「どうしてその人たちがいちばん幸福なのですか」

「なぜなら彼らはおそらく、ふたたび彼らに似た社会的な平和な種族、蜜蜂《みつばち》だの、きばちだの、蟻《あり》だのになるか、またはふたたびまえと同じ人間の種族になって、そこから穏健な人々が生れるだろうからね」

「そうですね」

C「しかし神々の種族へは、哲学を学んで、全く浄らかなさまで世を去った者以外は、入ることを許されない。学を愛するもののみがそれを許されている。このゆえにこそ、シミアースとケベース、真の哲学者たちは、すべての肉体的欲望から離れ、かたく身を守って、それらの欲望のおもむくままにならないのであって、財を愛する多くの人々のように財産をなくして貧乏することを恐れるからではない。また彼らは権力や名誉を愛する人々のように悪しき生活にともなう不名誉や不評判を恐れるゆえに、それから離れているのでもない」

「それは哲学者にはふさわしくないことですからね、ソークラテース」とケベースが言いました。

D「誓ってそうだとも。だから、ケベース、肉体のことだけに気をとられていないで、自分自身の魂のことを少しでも心にかけて生きる人々は、いま述べたような人たちのすべてに別れを告げるのだ。彼らは、自分たちがどこへ行くのかわかっていないような人々とは行を共にせず、みずからは、哲学に、哲学の与える解放と浄化に、反することはなすべきではないという信念のもとに、哲学に従い、哲学の導くままに進んでゆくのだ」

「それはどういう意味ですか、ソークラテース？」

E 「説明してあげよう。つまり学を愛する人々は次のことに気づくのだ。哲学が自分
たちの魂をあずかるとき、魂はどうしようもないほど肉体に縛りつけられ、膠着《こうちゃく》さ
せられてしまっており、事物を考察するにも、まるで牢獄《ろうごく》の格子《こうし》を通してのように、
肉体を通して見ることを余儀なくされ、自由に自分だけで見ることができず、その
ため全くの無知の中に落ちこんでいるということに。そして哲学は、この肉体とい
う牢獄の巧妙さを知っているのだということにね。この牢獄は人間の肉体的欲望を
利用することによって、とらわれている者自身がすすんで自分を束縛することに、
できるかぎり協力するような仕組みになっているのだ。こうして、僕の言うように、
83 学を愛する人々は気づくのだ、哲学こそは、そのような状態にある自分たちの魂を
とりあげてやさしく慰め、その解放に努力してくれるものだということに。

哲学は肉眼による考察も、耳その他の感覚による考察も、すべて偽りにみちたも

のであることを示して、どうしてもそれら感覚を使わなければならないとき以外は、
それらから離れているようにと説得する。そして魂が自分自身に集中し、沈潜して、
B 自分自身以外の何ものをも信頼せず、純粋に自分自身で純粋な『ものそのもの』を
直観したときにだけこれを信じて、これに反してさまざまな事物の中にあって異な
った形をとるものを自分以外のものを用いて考察する場合には、そのような対象を
決して真実なものであるとしてはならない、そのようなものは感覚的な可視的なも
のであり、それに対し、魂が自分だけで見るものは叡知的な不可視的なものなのだ
と教えてくれる。

　こうして真の哲学者の魂は、このような解放に対しては決して反対すべきではな
いと考え、そのゆえに快楽や欲望や苦痛からできるかぎり離れるのだ。つまり彼の
魂はこう考えるのである。人が快楽や恐怖や欲望を強く感じるとき、その結果とし
C て受けとる悪は、普通考えられるような、たとえば病気をするとか、欲望をみたす
ために資産をつかいはたすとかいう類《たぐ》いのことではなくて、諸悪の中でも最大にし
て最後のものだ、それなのに人は誰一人として、それを考えてみようともしないの
だと」

「その最大の悪とは何ですか、ソークラテース?」とケベースがたずねました。

「すべての人間の魂は、強い快楽や苦痛を受けると、それと同時に、そういう感覚を最も強く与える対象こそ最も明瞭《めいりょう》で最も真実であると——実際はそうでないのに——考えざるを得ないということだ。こういうことは、特に可視的なものの場合に多い。そうではないか」

「そうです」

D「魂は、そのような経験の際に最も肉体によって縛られているのではないか」

「どういう意味で？」

「個々の快楽や苦痛が、まるで釘《くぎ》でも持っているかのように、魂を肉体に釘づけにし、押えつけて、肉体の言うことなら何でも真であるとみなすよう、魂を肉体に同化させる、という意味でだ。なぜなら魂が肉体と同じことを考え、同じものを喜ぶならば、魂は思うに必然的に肉体と同じ習慣、同じ糧《かて》を持つようになって、決して清浄な状態でハーデースに至ることができず、常に肉体によって汚されたままで世

Eを去り、そうしてすぐにまたほかの肉体に入り、ちょうど種子がまかれたようにそこに根をおろして、その結果は、神的で清浄で単一な形を持つものとの共存を永久に奪われるであろうからだ」

「本当におっしゃるとおりです、ソークラテース」とケベースが答えました。

「だから、ケベース、真に学を愛する人々が慎みぶかく勇敢であるのは、全くそういう理由によるのであって、多くの人々が言うような理由によってではない。それともそうだと思うかね？」

84「いいえ、思いません」

「そのとおりだ。哲学者の魂は、いま述べたように考えるに相違ない。そして魂の
解放こそ哲学の仕事であるのに、その解放のさなかに自分を勝手に快楽や苦痛にゆ
だねて、もう一度肉体に縛りつけ、せっかく織った布をまたほどくペーネロペーの
ように、みのりなき仕事をしなければならぬなどとは考えないだろう。いやそうい
B った情念にわずらわされない平和を得、思惟《しい》に従って常にその中に休らい、真実な
もの、神的なもの、単なる臆測《おくそく》の対象でないものを見、それに養われて、生きてい
るかぎりはこのように生きなければならないと考えるのだ。そして死んでからは、
自分と同族であるそのような真実なものに到達し、もろもろの人間的悪から解放さ
れることを信じるだろう。魂がこのようにして養われてきたものなら、シミアース
とケベース、肉体から離れるときに引裂かれたり、風によって吹きとばされて飛び
散ったりして、もはやどこにも何もなくなってしまうのではないかと恐れることは、
決してないのだ」

C　ソークラテースがこう語り終えられますと、長い沈黙が一座を支配しました。ソークラテースご自身も、お見うけしたところ、これまで言われたことについて考えこんでいらっしゃるようでしたし、僕たちのうちの多くの者もそうでした。ただケベースとシミアースが、おたがいに小声で話し合っていました。

ソークラテースが二人を見てたずねられました、

「どうしたのだ？　君たちにはこれまで言われてきたことが不十分だと思われるのではないだろうね？　もちろんそれらを詳細に検討してみれば、まだ多くの疑問や反論があるはずだ。君たちが何かほかのことを考えているのならかまわないけれど、Dもし、いまのことについて何か難点があるなら、遠慮することはないし、君たちにもっといい意見があるなら、自分で言い、説明してくれればいいし、また僕と一緒のほうがうまくゆくと思うなら、僕も仲間に入れてくれないか」

シミアースが答えました、「ではソークラテース、本当のことを申します。実はさっきから、わたしたちはどちらにも疑問があって、おたがいにつつきあい、質問するよう勧め合っていたのです。というのは、お聞きしたくはあったのですが、こ

んなご不幸のとき、ご気分をそこないはしないかと思って、お伺いするのを遠慮し
ていたものですから」
　ソークラテースはこれを聞かれると、静かに笑って言われました、「おやおや、
E シミアース、僕がいまの運命を不幸だなんて決して思っていないことをほかの人た
ちに納得させようとしたら、随分骨が折れることだろうね。君たちさえ納得させる
ことができないで、僕がいつもより沈んでいるのではないかと思わせるようではね。
　君たちにはどうも、僕はあの白鳥よりも下手な占者だと思われているらしい。白
鳥はいつも歌いつづけてきたのだが、自分が死ななければならないことを知ると、
85 そのときはいつもよりもっとさかんに、もっと美しく歌うものだ。主なる神のみも
とへ行こうとしているのを喜んでね。ところが人間は、自分が死を恐れるものだか
ら、白鳥のことも思い違いして、彼らは死を嘆き、悲しさのあまり歌うのだなどと
言い、どんな鳥でも飢えや寒さやそのほかの苦痛を訴えるときには、決して歌わな
いということを考えてもみない。悲しんで嘆きの歌を歌うといわれる夜鶯《ようぐいす》や燕《つばめ》や戴《やつ》
勝《がしら》でさえそうなのだ。
　僕には、これらの鳥が、それに白鳥にしても、悲しみゆえに歌っているとは思え
B ない。僕の考えでは、白鳥はアポローンの鳥だから、予言の力を持ち、ハーデース

における幸せを予見して、最期《さいご》の日には、それまでよりもひときわ増して歌い喜ぶのだ。僕は自分も白鳥と同類の召使であり、同じ神に捧《ささ》げられたものであり、彼らに劣らぬ予言の力を主なる神から授けられており、この命を終るにあたっても、彼ら以上に悲しみはしないと思う。さあそれだから、君たちは何でも好きなことを言ったり、たずねたりしなければいけない、アテーナイの十一人の刑務員が許すかぎりはね」

「よくおっしゃってくださいました」とシミアースが答えました、「ではわたしも

C わたしの疑問を申上げますし、それからこのケベースも、さきの議論のどの点が彼に受けいれられないのかを言うでしょう。

わたしには、ソークラテース、おそらくあなたにもそうでしょうが、このような事柄について、生きているうちに明白な知識を持つことは不可能か、あるいは、きわめて困難であると思われるのです。しかしだからといって、それについての議論をあらんかぎりの仕方で吟味することをせず、あらゆる面から検討して疲れ果ててしまわないうちに放棄してしまうような人は、全く弱い精神の持主だと言えましょう。というのは、こういう事柄については、次の二つのうち一つをなしとげなければなりませんからね。すなわちそれについての真実を他人から学ぶなり、みずから

発見するなりするか、あるいはそれが不可能なら、少なくとも人間のなし得る最善
D の、最も論破し難いロゴス（言論）を捉《とら》えて、それに身をゆだね、ちょうど筏《いかだ》に乗
って大海を渡るように、危険を冒して人生を乗りきらねばならないのです。もしも
もっと信頼できる乗物である、神のお言葉によって、より安全に、より危険少なく
旅することができないとすれば。

　ですから、いまもわたしは、遠慮しないで質問いたしましょう。あなたもああお
っしゃってくださるのですし、それに後になってから、いま思っていることを言わ
なかったからと自分を責めることがありませんように。と言いますのも、ソークラ
テース、わたしは自分で、また彼と一緒になって、いままでの議論を検討してみま
して、どうも十分とは思えないからです」

E「おそらくはね」とソークラテースは言われました、「君の考えるとおりなのだろ
う。だがどの点が十分でないのか、言ってくれないか」

「それはこういう点なのです。いまの議論は、琴や弦のうみ出す調和《ハルモニアー》（調べ）に
ついてもあてはまりましょう。つまり調子のよくあった琴の調和は、目に見えない
86 非物体的なものであり、このうえもなく美しく神的なものですが、他方琴そのもの
や弦は、物体であり、物体的であり、合成物であり、土の性質を持ち、死すべきも

のと同種のものです。

そこでもし誰かが、この琴をこわしたり弦を切ってばらばらにしてから、あなたと同じ論法でこう主張したとしましょう。かの調和は、滅びることなくなおも存在していなければならない、なぜなら弦がばらばらになってしまっても、死すべきもBのである琴や弦はまだ存在しているのに、神的にして不死なるものと生れも種類も同じくする調和のほうが、死すべきものよりも先に滅びてしまうことは絶対にあり得ないからと。いや、と彼は言葉を続けたとしましょう。調和そのものはまだどこかに必ず存在していて、それがなんらかの変化をこうむるよりもまえに、材料である木材や弦のほうが先に腐ってしまうに違いないと。

そして実際、ソークラテース、あなたご自身もご存じだと思いますが、わたしたちは、魂はとりわけこのようなものとして理解しています。つまりわれわれの肉体は、熱冷乾湿その他同様の相反する性質のあいだの緊張関係によって結合が保たれCており、われわれの魂は、これらの要素そのものがたがいに正しい適当な割合でまぜ合わされる場合に生じる混合であり、調和である、と考えられます。

ですから、もし本当に魂が一種の調和だとすると、肉体が病気その他の悪によって、あまりに弛《ゆる》められたり締めつけられたりしたら、魂は最も神的なものであるに

もかかわらず、たちまち死滅してしまわざるを得ないのは明らかです。それはほか
のいろいろな調和、たとえば音の調和、技芸家の作品における調和の場合と同じで
D す。他方、それぞれの肉体の残骸《ざんがい》は、焼かれるか腐るかするまで長いあいだ残るも
のです。

そこで、もし誰かが、魂は肉体の中にある諸要素の混合であるから、いわゆる死にあたっては第一に滅びるべきだと主張したら、この議論に対して何と答えたらいいでしょう？　考えてみてください」

ソークラテースは例のくせで、目を大きく見開き、ほほえみながら言われました、

「確かにシミアースの言うことは正しい。君たちのうちで誰か、僕よりもうまく答えられるものがいるなら、答えてくれないか。彼の議論はなかなか手ごわいようだからね。
E だがしかし、返事をするまえにまず、このケベースが先の議論にどんな反論をす
るか、それを聞こうと思うのだ。そのあいだに、何と答えたらいいか考えられるようにね。それから二人の意見をきいたうえで、彼らの言うことが事実にあっているようなら賛成し、もしそうでなければ、そのときこそ、僕たちの議論を弁護しなければならない。さあ、ケベース、君を困らせているのは何か言ってみたまえ」

「では申しましょう」とケベースが言いました、「わたしには議論が依然として同
87 じところに停滞していて、さきほどわたしたちが述べた反論がそのままあてはまる
ように思われます。つまりわれわれの魂がこの人間の形をとるまえにも存在していたということは、わたしは否定しません。あれは大変見事に、もしこう言っても言い過ぎでなければ、全く完全に証明されたと思います。しかしわれわれの死後にもなお魂がどこかに存在するという点については、十分証明済みだとは思えないのです。もっともわたしは、魂が肉体よりも強くもないし長生きでもないというシミアースの反論には、賛成できません。というのは魂はそれらすべての点ではるかに肉体にまさると、わたしには思われるからです。

『それで』とあの議論は言うでしょう、『何がまだ信じられないのか。人間が死んだとき、より弱い部分である肉体がなお存在するのを、君は現に見ているではない
B か。それなら、より永続的な部分である魂が、少なくともそのあいだだけは、まだ
必ず生存を続けるはずだとは思えないのか』と。

それに対してわたしのこれから言うことが答になっているかどうか、考えてみてください。わたしもシミアースと同様、何か比喩《ひゆ》を用いる必要があるようです。わたしにはそういう議論は、こんなふうに論じるのと同じだと思えるのです。たとえ

ば、一人の人間、年老いた機織《はたおり》が死んだ場合、その男は滅びてしまったのではなく、どこかにそのまま生きている、その証拠には、彼が自分で織って着ていた上着がまだそのままなくならずに残っているではないかと、こんなふうに論じるのです。そ
C してもしこれを認めないものがあると、人間と、いつも着て使っている上着と、どちらが長持ちするかと質問して、人間のほうがずっと長生きだと答えれば、より短命なもののほうが滅びていないのだから、当然人間のほうが安泰であることは証明済み、と考えるのです。

しかしシミアース、僕はそんなことはないと思う。君も僕の言うことを考えてみてくれたまえ。ところで、いまの議論が馬鹿《ばか》げていることぐらい、誰にでもわかりましょう。この機織は、そういう上着を何着も織って、着古して、それらの沢山の上着よりもあとで、しかし思うに、最後の一着よりは先に死んだわけですが、だか
D らといって、人間が上着よりもつまらないものだとか、弱いものだとかいうことには決してなりません。これと同じ比喩が、魂と肉体との関係にもあてはまると思いますし、誰かが、魂と肉体とについてこれと同じことを、つまり魂はより長生きであり、肉体はより弱く短命であると言ったとしたら、それは適切だと思います。しかしその人は、さらに次のように言葉を続けるでしょう。『個々の魂は、肉体をい

くつも使いつぶすものであり、とりわけ長く生きる場合はそうである。なぜなら人
E 間がまだ生きているあいだにも、肉体は変化し滅びてゆくが、魂は常に使い古され
たものの代りに新しいものを織りなしてゆくから。しかしながら魂が滅びるときに
は、魂はその最後の衣服を身につけていなければならず、それだけは残して、先に
滅びなければならない。そして魂が滅びてしまうと、肉体もついにその本来の弱さ
をさらけ出し、腐ってなくなってしまうだろう。

88 したがってわれわれはさきの議論を信じて、われわれの魂はわれわれの死後も依
然としてどこかに存在するのだと確信することはまだできない。なぜかと言えば、
さっきのように論じる人に対して、かりに、君(一五)よりももっと譲歩したとしよう。そ
してわれわれの魂はわれわれの生れるまえに存在しただけでなく、ある魂は死後に
おいても存在し、将来も存在しつづけて、何度も生れたり死んだりをくりかえすと
いうことは大いに可能だとしよう。魂は、その本性において、きわめて強く、した
がってたびたびの生誕にも耐えるものなのだから。しかしこれらのことは認めると
しても、魂がたびたびの生れかわりによって疲れ果て、ついにはその死のどれかに
さいして、全く滅びてしまうことがないということには同意しないとしよう。そし
B てこの死、すなわち魂に破滅をもたらす、この肉体からの離脱を知ることは、誰に

もできないと言うのなら、というのは、われわれのうち誰一人としてそれを知ることはできないのだから、もしそうなら、魂が全く不死で不滅であることを証明し得ないかぎり、死を恐れないのは何びとにとっても愚かであると言わざるを得ない。その証明ができないとすれば、いままさに死に瀕《ひん》している人は、自分の魂が今度の肉体からの分離において完全に滅びてしまいはしないかと、常に恐れなければならない』」

C　二人がこのように話すのを聞いて、僕たちはみんな暗い気持になってしまいました。これはあとでおたがいに打明けあったことですが、僕たちは先の議論（78B—84B）で大いに安心していたのに、彼らはまた僕たちを掻《か》き乱し、先の議論に対してだけでなく、これから言われるであろうことに対しても、不信の念を植えつけてしまったように思われました。僕たちは何ごとも判断することができないのではないだろうか、あるいはまた問題自身が疑わしいものなのではないだろうかと。

**エケクラテース**　誓ってパイドーン、僕にもその気持はよくわかります。実際僕自身、いま君の話を聞いていて、自分に向いこんなふうに言いたくなりました。

D「いったいこれ以上どんな言葉を信じたらいいのだろう？　あのソークラテースの語られた議論は、なんとまあ説得力にみちたものだったろう。ところがそれが、いまやなんと信じられなくなってしまったことだろう」と。

なぜなら魂が調和であるというあの議論は、いまもそうですが、いつでも驚くほど僕の心を捉《とら》えていて、いまも君に言われたおかげで、僕自身まえからそう考えていたことを思い出していたのです。それで、人が死んだとき、魂も一緒に死ぬのではないということを僕に納得させてくれる、何か別の議論を、いわば初めから、もう一度求め直す必要を痛感します。」

ですからソークラテースがいまの議論をどんなふうに追跡されたのか、ぜひとも
E 聞かせてください。あの方も、君たちがそうだったというように、明らかに困惑しておられましたか。それともそんなことはなく、静かにご自分の議論を擁護されましたか。そしてその弁護は十分なものだったのですか、それとも不十分だったのですか。そういったことをみんな、できるだけ正確に話してくれませんか。

**パイドーン**　実際、エケクラテース、僕はソークラテースにはたびたび驚嘆しま
89 したけれど、あのときおそばにいて感じたほど偉いと思ったことは、いままでありませんでした。あの方が答えるべき言葉をお持ちだったということは、何も驚くことではないでしょう。ただ僕が最もあの方に感心したのは、まず、いかにも快く、やさしく、熱心に、若い者たちの議論を受けいれられたこと、それから、僕たちが

その議論によってどんな感じを受けたかを、実に鋭く見ぬかれたこと、さらにいかにもうまく僕たちの気分をひきたててくださったことです。本当になんと巧みに、まるで負けて逃げてゆく兵士たちのような僕たちによびかけ、あの方のあとについて一緒に問題と取組んでみるようにと励ましてくださったことでしょう。

**エケクラテース**　どんなぐあいに？

B**パイドーン**　お話ししましょう。僕はちょうどあの方の右手に、ベッドのそばの低い椅子《いす》に腰かけていて、あの方のほうが僕よりかなり高いところにおられたわけです。あの方は僕の頭をなで、頸《くび》のところの髪をにぎられて――時々僕の髪をおもちゃにされるくせがおありでしたけれど――こう言われました、

「明日になればきっと、パイドーン、君はこの美しい髪を切るのだろうね？」

「そうなりましょう、ソークラテース」

「だが僕の言うとおりにすれば、そうはならないのだよ」

「ではどうなるのでしょう？」

「明日と言わず今日、僕は僕の髪を、君もこの髪を切ることになるだろう、もしもC僕らの議論が討死して、もう一度生きかえらせることができなければね。そしてもし、僕が君であって、あの議論が僕から逃げてゆくとしたら、僕はアルゴス（二六）の人々

のように誓いをたてるだろう、シミアースとケベースの議論ともう一度戦って、勝利を収めるまでは髪をのばしませんと」

「しかし二対一ではヘーラクレースでもかなわないと言います」

「それでは、僕をイオラーオス（一七）だと思って、助けによびなさい、日が沈まないうちならばね」

「ではお願いいたします。もっともわたしがヘーラクレースではなくて、イオラーオスがヘーラクレースをよぶことになりますけれど」

「どちらでもかまわないだろう。それより始めによく気をつけて避けなければならないことがある」

「どういうことですか」

D 「言論嫌い《ミソロゴス》になるということだ、ちょうどある人々が人間嫌いになるようにね。なぜなら、このこと、つまり言論を嫌うことよりも大きな不幸にあうことはあり得ないのだから。ところで、言論嫌いと人間嫌いとは同じような仕方で起るのだ。

さて、人間嫌いはどうして起るかと言えば、まず無造作に誰かを頭から信頼し、その人を全く真実で、健全で、信頼できる人間だと思い込み、その後まもなく、その人が悪い、信用できない人であることを発見する。同様の経験を、ほかの人の場

E 合にもする。そしてこういう経験をたびたびくりかえし、特に自分に最も近しい、
最も親友であると信じていた人々からこういう目にあわされると、しまいにはたび
たびの苦い経験のため、すべての人を嫌い、誰一人として真実な人間はいないと思
うようになる。君はそういうことに気づいたことはないかね？」

「いいえ、あります」

「それは恥ずべきことではないか。またそういう人は、明らかに、人間性について
知ることなしに人間を扱おうとしたのではないか。彼がその知識を持って人間に対
90 していたら、事実どおりに、つまり、善人にせよ悪人にせよ、極端なものはどちら
も極く少なくて、その中間がいちばん多いのだと考えたであろう」

「それはどういう意味ですか」

「極端に小さいものや極端に大きいものについても同じことなのだ。人間でも、犬
でも、そのほか何でも、極端に大きいか極端に小さいのを見つけるほどむずかしい
ことはないだろう。また速いのや遅いのや、醜いのや美しいのや、白いのや黒いの
もね。これらすべてのものについて、両極端は少なく、稀《まれ》であり、中間のものが普
通で多いということに、君は気がついていないかね？」

「確かにそうです」

B「では、もし悪の競争が行われたとしたら、そこでも、一等をとる者は極く少ないのではないか」
「それはそうでしょう」
「そうだろうね。しかしこの点では、言論と人間とは似てはいない。いや、いまのは君につられて、僕も話がそれてしまった。似ているのは、次の点なのだ。つまり言論について何の顧慮もなしに、ある言論を真であると信じ、その後まもなく、それが間違っていると思うようになる、実際は間違っていることも、いないこともあ
Cるのだが。そしてこういうことが、ほかの言論についても、しばしばくりかえされる。特に論争のための議論に時を過した人々は、君も知るように、しまいには自分たちが最も賢明なのであり、自分たちだけが次のようなことを知っていると考えるに至る。つまり、事物にしろ言論にしろ、健全で確実なものは何一つなく、すべてのものはまさにエウリーポス（一八）の潮にもてあそばれるように、あなたこなたとおし流されて、瞬時といえどもとどまらないということを」
「本当におっしゃるとおりです」
「では、パイドーン、真実で確実で理解可能な言論が実際あるのに、いまのように、
D同じ言論でありながら、ときには真実だと思われ、ときには偽りだとされる、そん

な言論にぶつかったために、自分自身や自分の未熟さは責めないで、しまいには苦しまぎれに、すすんで自分から言論へと責任を転嫁《てんか》し、それ以後は一生、言論を憎み、悪口を言って、事物の真実や知識から遠ざかって暮すとしたら、それは悲しむべきことではないだろうか」

「ゼウスにかけて、全く悲しいことです」

E「だから、そうならないように、最初に注意しようではないか。そして言論というものには、なんらの健全さもないというような考えが、心の中に入りこまないようにしよう。それよりはむしろ、みずからを省みて、われわれ自身がまだ健全になっていないのだとして、健全なものになるように勇気を奮い、努力すべきではないか。

91君やほかの諸君はこれからの全生涯のために、ぼくは死そのもののためにね。というのは僕はいま、われわれが議論しているこの問題について、哲学者のようにではなく、全く無教育な人々のように、ただ勝つことだけに夢中になっているかもしれないのだから。

彼らは何かについて論争するとき、議論の対象となる事柄が実際どうであるかということなど考えないで、ただどうすれば自分の考えをその場の人々にもおしつけることができるかということにばかり腐心するものだ。いまの僕が彼等と違っているように思われるのは、ただ次の点においてだけなのだ。つまり僕が自分の言うことを真実だと思わせようと努力しているのは、ここにいる人々に対してではなくて――ついでにそうなってくれるのなら別だけれども――できるだけそうだと思わせようと努力しているのは、この僕自身に対してなのだ。

B　というのは、ねえ君たち、僕はこんな計算をしているのだよ。なんて欲張りなのか、見てくれたまえ。もし僕の言うことがたまたま真実だとしたら、僕がそれを信じるのは結構なわけだし、またもし、人間は死んでしまえば無になってしまうものなら、ともかくも死ぬまでのこの時間だけは、僕が悲しんでこの場の諸君に不愉快な思いをさせることが、それだけ少なくてすむわけだし、僕の愚かな信念のほうは、僕とももども生きのびたりはしないで――そんなことになったら困るが――じきになくなってしまうだろうと。

さあシミアースとケベース。これだけ心の準備をして、僕は議論に立ち向おう。

Cだが君たちは、僕の忠告に従ってくれるなら、ソークラテースのことは気にかけないで、もっとずっと『真実』のほうを気にかけてくれたまえ。そして僕の言うことが真実だと思ったら同意してもらいたいし、そうでなかったらあらゆる議論を駆使して反対してくれたまえ。気をつけてくれないと、僕は熱心のあまり、僕自身も君たちも惑わせ、蜂《はち》のように、あとに針を残してゆくかもしれないからね。
　さあ始めるとしよう。まず君たちが述べたことで、僕の忘れている点が見つかっ
たら、思い出させてくれたまえ。
　シミアースは、魂が肉体より神的であり、よりすぐれているにもかかわらず、そ
D れが一種の調和であるがゆえに、肉体より先に滅びるのではないかと、そういう疑
問を持ち、恐れをいだいているようだ。
　ケベースのほうは、魂が肉体よりも長生きだという点では僕に賛成だが、魂が多
くの肉体をいくつも使いつぶしてから、最後の肉体を残して、そのときみずからも
死滅するのではないか、そして肉体は常に滅びてやむときがないから、死とはまさ
にこのこと、つまり魂の死滅ではないか、この点については、誰もはっきりとこれ
を否定することはできないと、そう思っているらしい。さて以上が、シミアースと
ケベース、僕たちが探究しなければならない問題ではないのか」
E 二人ともそうだと答えました。
「では君たちは、さきの議論を全部否定するのか、それともあるものは認め、ある
ものは認めないのか」
「あるものは認めますし、あるものはそうでありません」

「では君たちは、あの、学ぶということは想起であり、その結果として、われわれ
92 の魂は肉体の中に縛られるまえに、どこかに存在していたに違いないと主張する、
あの説についてはどう思うかね？」

「わたしとしては」とケベースが言いました、「あのときも全くそのとおりだと感心しましたが、いまもほかのどんな議論に対するよりも信頼を持っています」

「わたしもそうです」とシミアースも言いました、「そして少なくともあの説に関して別の考え方をするなどとは、思いもよりません」

「だがね、テーバイの友よ」とソークラテースは言われました、「君は考えを変え
なければならないのだよ、もし君が、調和とは合成されたものであり、魂とは緊張
関係にある、肉体の構成要素から成る一種の調和だという、この考えを捨てないな
B らばね。なぜなら君は合成されたものとしての調和が、これを合成するはずの要素
より先に存在していたというようなことは、たとえ自分でそう言ったにしろ、認め
ることはできないだろうから。それとも認めるかね？」

「もちろん認めません、ソークラテース」

「それでは、君は気がつくだろうか、君の言っているのは結局そういうことになるのだと。君が、魂は人間の形をとり肉体の中に宿るまえにも存在していたと言いな

がら、他方、魂は合成されたもの――しかもまだ存在しないものから合成されたということになるが――としてあると言うならば。ところが調和というものは、実はC君がいま比喩《ひゆ》的に述べたようなものでは決してない。琴や弦やまだ調和されないままの音が先にあって、調和はそれらすべての一番あとに成立し、しかもまっさきに滅びるものなのだ。とすれば、この議論を、あれとどういうふうにして調和させるかね？」

「調和させようがありません」とシミアースが言いました。

「しかし、いやしくも調和する議論があるとすれば、調和に関するものこそ、そうでなければならない」

「そのとおりです」とシミアースが言いました。

「ところで君のこの議論は調和しないね？　さあそれでは、君は二つの議論のうちどちらを選ぶかね？　学ぶということは想起だというほうか、それとも魂は調和であるというほうか」

「もちろんまえのほうです、ソークラテース。といいますのは、後のほうはわたしDにとって証明されたわけではなく、なんとなくそうらしく、もっともであるように見えただけなのです。そこがまた、この説の多くの人々にうける所以《ゆえん》なのでしょうが。しかしわたしは、もっともらしさだけを証明の根拠とするような説は偽物《にせもの》であって、幾何学そのほか何においても、そういう説には、よく注意していないと、完全にだまされてしまうものだということを、よく知っています。

一方想起と学ぶということについての説は、承認するに足る前提にもとづいて言われました。なぜならわたしたちの魂が肉体の中に入るまえに存在していたということは、あの『ものそのもの』という名でよばれる真実在が存在するのと同じよう
E に確実なことですから。そしてこの真実在が存在するということは、わたしの信じるところでは、十分に、しかも正当に承認された前提なのです。したがって魂が調和であるという説は、わたしが言ったにしろ、ほかの人が言ったにしろ、どうしても受けいれることはできないように思われます」

93「では、シミアース、次の点はどうだろう? 調和にしろ、ほかのどんな合成物にしろ、それらを構成している要素と違ったあり方をすることができると思うかね?」

「いいえ、決して」

「ではまた、思うに、それらがしたりされたりする働きも、要素がしたりされたりする働きと別のものではあり得ないのではないか」

彼は同意しました。

「そうすると、調和はこれを構成する要素を導くのではなく、それに従うべきものだね？」

彼は賛成しました。

「だから、調和が自分を構成する部分と反対の動きをしたり、反対の音を出したり、そのほか何であれ、反対のことをするということは、とうていあり得ないことだね？」

「もちろんあり得ません」

「ではこれはどうだろう？　調和というものは本来、それがそれぞれ調和されている程度に応じて、調和なのではないか」

「わかりません」

B「つまり、より多く、より十分に調和されていれば——そういうことが可能だとしての話だが——より多く、より十分に調和であり、より少なく、より不十分に調和されていれば、より少なく、より不十分に調和であるのではないか」

「そうです」

「では魂についても、そういうことが言えるだろうか。つまり、たとえほんの少しの差にせよ、ある魂がほかの魂よりもより十分に、より多く魂であるとか、あるいは、より不十分に、より少なく魂であるとか」

「いいえ、決して」

「さあそれでは、ゼウスにかけて、この点はどうだろう？　一般に、ある魂は知性と徳とを持ち、善き魂であるが、ある魂は愚かさと不徳とを持ち、悪《あ》しき魂である
Cといわれている。こういう言い方は正しいだろうか―

「無論です」

「では、魂が調和であるとする人々は、魂の中にあるこれらのもの、つまり徳と悪徳を、何であるというのだろうか。それらもまた別の調和と不調和であるというのだろうか。そして善き魂は調和されてあり、みずから調和でありながら、自分の中に別の調和を持ち、悪しき魂はみずから不調和であるとともに、自分の中にほかの調和は何も持っていないというのだろうか」

「私には答えられません」とシミアースが言いました、「しかし明らかに、この説をとる者は、そういうことを言うことになりましょう」

D「ところで、僕たちはさっき、ある魂がほかの魂よりもより多く、あるいはより少なく魂であることはないという点で意見が一致したね？　それはつまり、次のこと

に同意したことになるわけだ。ある調和がほかの調和よりもより多く、より十分に、あるいはより少なく、より不十分に調和であることはできない、ということに。そうではないか」

「そうです」

「しかしできあがった調和に多い少ないの程度の差がないものには、その調和が作り出されるさいに、より多く調和されるとか、より少なく調和されるとかいう程度の差はないはずだ。そうだろう」

「はい」

「ところが調和のされ方に程度の差がないものは、自分の中に調和をより多く持つとか、より少なく持つとかいったことがあり得るだろうか。それとも等しい程度にだろうか」

「等しい程度にです」

「では魂にしても、ある魂がほかの魂よりもより多く、あるいはより少なくそのも
E の、つまり魂であることはあり得ないから、調和のされ方にもより多く、あるいは
より少なくという程度の差はないのではないか」

「そのとおりです」

「しかもその場合、魂が自分の中に調和または不調和を持つ程度にも、多い少ないの差はないわけだね？」

「ありません」

「さらにその場合、悪徳が不調和であり、徳が調和であるとすれば、ある魂が自分の中に、ほかの魂よりもより多く悪徳ないし徳を持つということがあり得るだろうか」

「あり得ません」

94「いや。シミアース、正しくはむしろこう言ったほうがよかろう。もし魂が調和であるならば、いかなる魂も悪徳を分け持つことはできないであろうと。なぜなら調和がまさにそれ自身、すなわち調和であるかぎり、不調和を分け持つことは決してあり得ないだろうから」

「あり得ませんとも」

「そして魂もまた、それが正に魂であるかぎり、悪徳を分け持つことはあり得ないだろう」

「さきに言われたことから考えれば、当然そうなります」

「すると、この議論からわれわれの結論するところは、すべての魂は本来そのもの、つまり魂であるという点において、同等であるから、すべての生物のすべての魂は、いずれも同等に善であるということになる」

「わたしにもそうなるように思われます、ソークラテース」

B「そしていまの結論が正しいと思えるかね？　魂が調和だという仮定が正しかったら、こんな結果になっただろうか」

「いいえ、決して」

「ではこれはどうだろう？　人間のすべてを支配するものとして、君は魂、ことに思慮ある魂以外に、何か考えられるか？」

「わたしにはできません」

「その場合、魂は肉体のあり方に調子を合わせるのか、それともまた反対するのだろうか。つまりこういう意味だ。たとえば熱があって渇きを感じるとき、魂が人をその欲望と反対のほうへひっぱっていって飲むことを禁じたり、また飢えていると
Cき、食べることをやめさせたり、そのほか無数の事柄で、魂が肉体に反対するのをわれわれは見ている。そうではないか」

「確かにそうです」

「ところがさっきの議論で、もし魂が調和であるなら、魂を構成する要素が締めら

れたり、弛《ゆる》められたり、弾《はじ》かれたり、そのほかどのような作用をうけようとも、魂は決してそれに反対する調べをかなでず、むしろそれに従い、支配したりすることなど決してないということに、われわれは同意したではないか」

「同意しました。確かに」

「ではどうだろう？　いまや、われわれには、魂がこれと全く反対の働きをすることが明らかになったのではないか。魂はそれを構成するといわれるすべての要素をD支配し、生涯を通じてほとんどあらゆることでそれらに反対し、あらゆる仕方でそれらに君臨する。あるときはきびしく、苦痛をもって罰し——たとえば体育や医療の場合のように——あるときはもっとおだやかにそうし、また、あるいは威《おど》し、あるいは賺《すか》し、肉体の欲望や怒りや恐怖に対して、魂はそれらとは全く別種の存在として話しかけているのではないか。これはホメーロスも『オデュッセイア』の中で示しているところであって、彼はそこでオデュッセウスについてこう言っている。

彼は胸をうち、心を責めてかく言いぬ、

E　耐えよ、心よ、かつてはより忌《いま》わしきことにも耐えしものを（オデュッセイア第二〇巻一七、一八行）

いったい君には、ホメーロスがこの詩句を作るさいに、魂が調和であり肉体のあ

り方によって導かれるものだなどと考えていたと思えるかい？　むしろ魂こそ、肉
体を導き、それに君臨するものであり、魂は調和などとみなされるよりもはるかに
神的な何ものかであると考えていたのではないだろうか」
「誓って、ソークラテース、わたしにもそう思われます」
95「だから君、魂が一種の調和だと主張するのは、われわれにとってどう考えてみて
もよろしくないのだ。なぜなら、そう主張するのは、神のごとき詩人ホメーロスと
も、またわれわれ自身とも、一致しないことになるようだから」
「本当にそうです」
「さて」（二九）とソークラテースは言われました、「これでどうやらテーバイの女神ハル
モニアーさまは、われわれに対して大分ご機嫌を直されたようだ。ところでカドモ
スさまのほうはどうだろうね、ケベース？　どういうふうにして、どんな言葉でご
機嫌をとり結んだものだろうか」
「あなたなら」とケベースが言いました、「それを見つけてくださると思います。
ともかく、いまの調和《ハルモニアー》に対するあなたの議論は、わたしにはびっくりするほど思
B いもかけないものでした。なぜなら、シミアースが疑問とする点を指摘したとき、
わたしは彼の反論を切りぬけられる者がいるだろうかと、実は大いに疑っていたの

でした。ですから、それがあなたの議論の最初の一撃でたちまち潰《つい》えてしまったのには、全く驚かされました。カドモスの議論が同じ目にあったとしても、もう不思議には思わないでしょう」

「ねえ、君」とソークラテースが言われました、「大仰なことは言わないでくれたまえ。罰があたって、これからの僕たちの議論がめちゃめちゃにされてしまうといけないからね。しかしそれは神さまにおまかせするとして、われわれはホメーロスの勇士たちのように、もっと敵に接近して、君の言うことに何か意味があるかどうか、試してみることにしよう。

C　さて君の問題の要点は次のようになる。哲学者が死にのぞんで挫《くじ》けず、違った生き方をして生涯を終えた場合よりも比較にならないくらいの幸せを死後あの世で得ると確信するとき、彼の確信が愚かな、たわいのないものではないためには、われわれの魂が不滅にして不死であることが証明されなければならない。そしてたとえ、魂が強く、神的で、われわれが人間として生れてくるまえにも存在していたということを明らかにしたところで、そうしたことはすべて魂の不死を示すものではなくて、ただ魂が長生きであり、これまでに数えきれないほど長いあいだどこかに存在しつづけ、多くのことを知り、かつ行なってきたということを示すだけのことではないか。
D 魂が長命であるからといって、魂が不死であるということにはならない。いった
い魂が人間の肉体に入ったこと自体、魂にとって滅亡の始まりであり、いわば病で
あった。魂はこの生涯を苦しみながら生き、ついには死とよばれるものにおいて滅
びるのだ。それがただ一度肉体に宿ろうが、何度も宿ろうが、われわれ一人々々が
死を恐れるという点では、何のかわりもない。魂が本来不死であるかどうかを知ら
ず、それを証明することができないとすれば、愚か者でないかぎり、死を恐れるの
は当然のことだから。
E 君の主張は、ケベース、こういうふうなものだったね？　僕がわざと何度もくり
かえすのは、われわれが何かを取落さないためであり、またもし君が望むなら、付
加えるなり、取消すなりするようにとのためなのだ」

するとケベースが言いました、「いいえわたしとしては、いまのところ、何も取消したり付加えたりしたいことはありません。わたしの言うところはそれで全部です」

それからソークラテースは、長いあいだじっと一人で物思いに耽《ふけ》っておられました。そしてまた話し始められました。

「君の提示した問題は、ケベース、容易ならぬものだ。なぜならそのためには、生成および消滅の全般にわたって、その原因を詳細にきわめなければならないからだ。
96 それで、もし君が望むなら、それについて僕自身が経験したことを君に話してあげよう。そのあとで、僕の言ったことで何か君の役に立ちそうに思えることがあったら、君の意見を人に納得させるために使えばいい」

「それは、ぜひそうお願いいたします」とケベースが言いました。

「では、話すから聞いてくれたまえ。僕はね、ケベース、若い頃、あの自然研究といわれる学問に、驚くほど熱中したことがあった。個々の事物の原因をさぐり、それぞれが何によって生じ、何によって滅び、何によって存在するかを知ることは、僕にはすばらしいことに思えた。

B 僕はまず第一に、次のような問題と取組んで、何度もあれこれと考えをねり直したものだった。はたして、ある人々が言ったように、熱いものと冷たいものとがある仕方で腐敗するときに、生物体はその組織を作り成長するのか。われわれが思惟《しい》するのは、血液によるのか、空気や火によるのか。それともそれらのどれでもなく、脳髄が聞くとか見るとか嗅《か》ぐとかいう感覚を与え、これらの感覚から記憶と判断が成立し、記憶と判断が固定すると、それによって知識が生じるのかと。

C　ついで僕は、事物の消滅を問題にし、天上のこと地上のことを研究し、ついには、自分はこのような研究には生れつき全く無能だと思うようになった。それについて、十分な証拠を君に話してあげよう。それまでは、僕にも、自分が明白に知っていると、自分にも他人にも思えていた事柄があったのだが、そのとき、この研究によって、僕は完全に盲目にされてしまい、その結果、以前には知っていると思っていたことまでが、すっかりわからなくなってしまったのだ。ほかにもいろいろあるけれども、特になぜ人間は成長するか、というようなことについてね。まえには、食べたり飲んだりすることによってだということぐらい、誰にでもわかりきったことだと思っていた。ものを食べることによって肉には肉が加わり、骨には骨が加わり、D同様にそのほかの部分にもそれぞれ固有の成分が加わって、小さな嵩《かさ》だったものが大きくなり、こうして小さな人間が大きくなるのだと、そのときはそう思っていた。もっともな考えだとは思わないかね？」

「思います」とケベースが答えました。

「それでは、これも考えてみてくれたまえ。それまで、僕は、大きい人が小さい人

Eと並んで立つとき、ちょうど頭だけ大きいと考えることで、十分だと思っていた。このことは馬と馬を比べる場合でも同じだ。もっと明瞭《めいりよう》な例をあげれば、十が八より多いのは、二が加わっているからであり、二尺が一尺より長いのは自分自身の半分だけまさっているからである、と考えていた」

「そしていまは、それらについてどうお考えなのですか」とケベースが聞きました。

「ゼウスにかけて、僕には、それらの事柄のどれ一つについてだって、その原因を知っているなどとは、とうてい思えないのだ。僕には、一に一を加えるとき、最初の一が二になったのの、加えられた一と最初の一とが、一方を他方に加えることによって二になっただの、といった説明は、納得がゆかないのだよ。なぜなら、僕が不思議に思うのは、両者がたがいに別々にあるときは、各々《おのおの》は一であって、そのときは二は存在しなかったのに、それらがたがいに近づくや否《いな》や、そのことが、つまりたがいに近くにおかれて一緒になったということが、両者が二になる原因になったという点なのだ。

また誰かが一を二分すると、このこと、つまり分割が、二になることの原因だということも納得がゆかない。なぜなら、二になることの原因がまえと反対になるからだ。さっきは、たがいに近くよせられ、一方が他方に加えられたことが原因だったが、今度は、一方が他方からひきはなされ分けられたことが原因だというわけである。

さらにまた、どのようにして一が生じるかということも、あるいは、要するにほかの何であれ、どのようにしてそれが生じ、滅び、存在するかということも、こういう探究の方法に従うかぎり、僕はもう、自分が知っているとはどうしても思えないのだ。そこで僕は、自分でありあわせの方法を別に作って、あんなやり方はご免をこうむることにしている。

ところでいつか、ある人が、アナクサゴラースの書物——ということだったが
C——そのなかから万物を秩序づけ万物の原因となるものは知性《ヌース》であるという言葉を読んでくれるのを聞いて、僕はこの『原因』に共鳴した。知性を万物の原因であるとすることは、ある意味では、結構なことだと思えたからだ。そしてもしそうなら、この秩序を与える知性は、それが最善であるような仕方で万物を秩序づけ、個々の事物を位置づけるであろうと考えた。それゆえ、個々のものについて、それらがどのようにして生じ、滅び、存在するかの原因を発見したいと望むなら、その事物がどのような仕方で存在し、あるいはどのような仕方でなんらかの働きを受けたり与
Dえたりするのが、そのものにとって最善であるかを発見しなければならない。

この考えによると、人間自身についても、またそのほかの何についても、何が最
善であり、何が最上であるかということ以外には、人間にとって探究するに値する
ものは何一つないことになる。そしてそれを探究する同じ人は、また必ずや、何が
悪であるかも知るはずだ。善と悪についての知識は、同一の知識なのだから。

　こう考えて僕は、事物の原因について僕の望むような仕方で教えてくれる人をア
ナクサゴラースに見いだしたと思って喜んだのだ。そして僕はこう思った。彼はま
E ず第一に、大地が平らか丸いかを僕に教えてくれ、それがすんだら次に、その原因
と必然性とを説明してくれるだろうと。何がより善いかということを、また大地に
とってこのような形であることがより善かったのだということを語ることによって
ね。また彼が、地球が宇宙の中心にあるというなら、なぜそれが中心にあることが
より善かったのかということも説明してくれるだろうと。そして、彼がこれらのこ
98 とを明らかにしてくれるなら、僕はもうそれ以上ほかの種類の原因を求めはすまい
と決心した。

　さらにまた、太陽や月やそのほかの天体についても、それらの相対的な速度や回帰やそのほかの現象について、同じような探究を、つまりそれぞれがこのような働きをしたりされたりするのが、なぜより善いことなのかをたずねようと決心した。

なぜなら、彼がこれらのものが知性によって秩序づけられたという以上、現在のあ
B り方が最善なのだということ以外の原因を、それらに与えるとは僕には考えられな
かったのでね。彼はそれらの各々に個々の原因を、また全体に共通な原因を与える
にあたって、各々にとって最善なるもの、全体にとって共通な善きものを明らかに
するだろうと、僕は考えた。こうした希望は、たとえ大金をもらっても、僕は手放
しはしなかったろう。僕は大急ぎでその書物を手にし、できるだけ早く読んだ。何
が最善であり、何が悪であるかを、一刻も早く知るためにね。

　大いなる希望の高みから、ねえ君、僕は転落していったのだ。というのはね、読
みすすんでゆくにつれて、僕が見いだした男は知性など全然使ってもいないし、事
C 物を秩序づける原因を知性に帰することもなく、空気とかアイテールとか水とか、
そのほか沢山のくだらないものを原因としているのだった。

　それはちょうどこう言ったら、いちばん近い譬《たと》えになるだろう。つまり誰かが、
ソークラテースはそのすべての行為を知性によって行うと言っておきながら、僕の
行為の一々の原因を説明する段になると、こんなふうに言うのだ。まず僕がいまこ
こに坐《すわ》っている原因については、僕の肉体が骨と腱《けん》からできていて、骨は硬くて関
D 節によってたがいに分れ、腱は伸び縮みして肉や皮膚と一緒に骨をつつみ、この皮

膺がこれら全部がばらばらにならないようにまとめている、そこで骨はそのつなぎ
目でゆれ動くから、腱を弛《ゆる》めたり縮めたりして、僕はいま肢《あし》を曲げることができ、
そしてこの原因によって、僕はここにこうして膝《ひざ》を曲げて坐っているのだと。また
君たちとこうして話し合っていることについても、彼は別の同じような原因をあげ
E るだろう。つまり声とか、空気とか、聴覚とか、そのほか無数のそのようなものを
原因だとして、真の原因を語ろうとはしないのだ。真の原因とは、すなわち、アテ
ーナイの人たちが僕に有罪の判決を下すのをよしとし、それゆえ僕のほうもここに
坐っているのをよしとし、とどまって彼らの与える罰を受けるのがより正しいと思
99 ったという、このことなのだ。なぜなら誓って言うが、もし僕が逃亡するよりも国
の命ずる罰に従うことのほうがより正しく立派なことだと考えなかったならば、思
うに、これらの腱や骨はそれこそ最善なりとする考えに動かされて、ずっとまえに
メガラかボイオーティアあたりに行っていたことだろうからね。

　しかしこのようなものを原因とよぶのは、全く馬鹿《ばか》げたことだ。もし誰かが、これらのもの、つまり骨とか、腱とか、そのほか僕の持っているいろいろなものを持つことなしには、僕は自分の考えを実行することができないと言うのなら、それは本当だろう。しかし僕が行為するのは――しかも知性によって行為するのであるの

Bに——それらのもののゆえにであって、最善のものを選んでではないと言うのなら、
それは全くもって、いい加減な議論というべきであろう。真の原因であるものと、
それがなければ原因が原因たり得ないものとを区別することができないとはね。多
くの人々が、まるで暗闇《くらやみ》を模索するようにして、不当にも原因という名でよんでい
るものは、実はこのものではないかと僕には思われる。

　それゆえある人は、大地のまわりに渦巻運動を想定することによって、大地が天
空にささえられているとなし、またある人は、大地をいわばひらたい乳鉢の蓋《ふた》のよ
Cうなもので、空気が下から台のようにささえているのだとする。彼らは、万物が現
在可能なかぎり最善の状態におかれているようにした力、その力を探究することも
せず、それが何か神的な強さを持っていることを考えてもみないで、それよりもも
っと強力な、もっと不死な、もっとよく万物を統合するアトラースを、いつか発見
できるだろうと思いこんでいるのだ。善にして適正な（＝結合する）力こそが真に
事物を結びつけ、統合するということを、彼らは考えてもみないのだ。

　僕は、このような種類の原因について、それがどういうものであるかを知るため
なら、誰の弟子にでも喜んでなっただろうに。だが僕は、それから遠ざけられ、自
D分で発見することも、他人から学ぶこともできなかったので、原因探究のために次

善の方法を考えたが、もしよければ、ケベース、それを話してあげようか」

「ぜひお願いいたします」

「こうしたことがあって、事物の考察に失敗してから、僕は考えた。日蝕《にっしょく》を観測し
研究しようとする人々と同じ目にあわないようによく気をつけなければならないと。
E なぜなら、太陽の姿は水か、何かそのようなものに映して見るようにしないと、と
きに目を傷《いた》めることがある。僕の考えたのもそういうことであって、事物を直接に
目で見たり、あるいはそれぞれの感覚でそれに触れたりしようとすると、魂を全く
盲目にしてしまいはしないかと恐れたのだ。こうして僕はロゴス（言論）の中に逃
れて、そこに事物の真相をさぐるべきだと考えた。僕のこの比喩《ひゆ》は、おそらくある
100 意味では正しくないだろう。というのは、事物をロゴスの中に探究するもののほう
が、感覚的事実の中にこれを探究するものよりもいっそう事物の影を見ることにな
るというのは、僕の断じて承認しないところだからね。

ともかくも僕の新しいやり方はこうなのだ。つまりそれぞれの場合に、僕が最も確実だと判断するロゴスを前提にして、その前提と一致すると思われるものを真であるとし、一致しないと思われるものを真でないとする。原因についてであれ、ほかの何についてであれ、同様である。だが僕の言う意味を、君にもっとはっきり話

してあげよう。君にはまだよくわからないようだから」

「確かに、よくわかりません」とケベースが言いました。

B「つまりこうだ。何も新しいことではなく、ほかのおりにも、またいままでの議論でも、いつも言いつづけてきたことなのだ。だから僕がいろいろと考えてきた原因がどんなものかを君に説明しようとすると、もう一度例の何度も語られてきたところにもどって、そこから始めることになるだろう。つまり純粋な美そのもの、善そのもの、大そのもの、そのほかすべてそのようなものがあるという前提だ。君がこれを認め、これらのものが存在するということに同意してくれるなら、僕はそれらのものから出発して、かの原因を見つけ出し、魂が不死であることを示すことができるだろうと思う」

C「もちろん認めるものとして、どうぞ話をおすすめください」とケベースが言いました。

「では、その前提に続く事柄について、君は僕と同意見かどうか、考えてみてくれたまえ。僕の考えでは、もし美そのもの以外に何か美しいものがあるとすれば、それが美しいのは、かの美にあずかるからであって、ほかのいかなる原因によるのでもない。そしてこのことは何についても言える。このような種類の原因に君は同意するかね？」

「いたします」

「そこで僕は、もうほかの原因、あのご立派な原因については学びもしないし、理解することもできないのだ。いやたとえ誰かが僕に、あるものが美しいことの原因として、鮮やかな色とか形とか、そのほか何かそのようなものをあげたとしても、僕はほかのものは無視して、――ほかのものはすべて僕を混乱させるだけだからね――ただ次のことだけを単純に、率直に、そしておそらく愚かしく、固執する。すなわちものを美しくしているのは、ほかでもない、かの美の臨在というか、共存というか、そのほかその関係はどのようなものであってもかまわない。その点は、いまのところなんとも確言しないが、ただぼくの断言するのは、すべての美しいものは美によって美しいということだ。というのは、ぼく自身に対しても、他人に対しても、いまのように答えるのが最も確実だと僕には思われるからだ。そしてこれに摑《つか》まってさえいれば、僕は決して落ちる心配はないし、僕自身にも、ほかの誰に対しても、美によってもろもろの美しいものは美しいと答えておけば、間違いないと思うのだ。君もそうは思わないか」

「思います」

「そしてまた、大によって大きいものは大きく、より大きいものはより大きいのであり、小によってより小さいものはより小さいのだ」

「そうです」

「では君も、たとえ誰かが、ある人がほかの人より頭によって（頭だけ）大きいと
か、反対に小さいほうの人が同じその頭によって小さいとかいうようなことを言っ
101 たとしても、そんなことは認めないで、自分が言いたいのは、すべてより大きいも
のは正に『大』によってより大きいのであり、ほかならぬこの『大』こそより大き
いことの原因であり、またより小さいものは『小』によってより小さいのであり、
ほかならぬこの『小』こそより小さいことの原因であるということだけだと、主張
するだろう。思うに君は、ある人が頭によって大きいとか小さいとか言ったら、次
のような反対論にあいはしないかと恐れているのだろう。まず第一に、より大きい
ものがより大きくあるのと、より小さいものがより小さくあるのとは、同一の原因
によるのかとやられ、次に頭というものは小さいものなのに、それによってより大
B きいものがより大きいということ、つまりあるものが小さいものによって大きいと
いうことはおかしくはないのかとやられる。君はこんな反対論が、こわくはないか
ね？」

ケベースが笑いながら、「こわいですね」と言いました。

「それでは君は、十は八より二によって（二だけ）大きく、この二という原因によってまさっており、『多』によって、『多』という原因によってではないと言うのもこわいだろうね？　また二尺が一尺より大きいのも、その半分によってであり、『大』によってではないと言うのもね。こわさは同じだからね」

「はい」

C「ではどうだろうか。一に一が加えられるとき、この加えるということが二の生じた原因であるとか、あるいは一が分けられるとき、この分割が原因であるとか言うのも、君は躊躇《ちゅうちょ》しないだろうか。君は声を大にしてこう叫ぶだろうね。個々のものが生じるのは、個々のものがそれを分ち持っている固有の本質にあずかることによってであって、それ以外の仕方を自分は知らないと。いまの例で言えば、二になることの原因は二にあずかること以外にはなく、二になろうとするものは、二にあずからねばならないし、一になろうとするものは、一にあずからねばならないと。こう言って君は、分割とか付加とか、そのほかそのようなこむずかしい原因からは失礼して、そういう答は君よりもっと利口な方たちにおまかせするだろうね。そして
D君自身は、いわゆる自分の影におびえる臆病《おくびょう》さと、おのれの未経験に対する恐れか

ら、この前提が持つあの安全さにしがみついて、そのとおりに答えるだろう。
そして誰かが前提そのものを問題にすれば、それは捨てておいて、前提から出て
きたいろいろの結論が相互に一致するか矛盾するかを確かめるまでは、答えようと
しないであろう。そしてまた、もし前提そのものを根拠づけなければならないとき
E がくれば、君は同様にして、さらに上位の前提の中で最善と思われるものをまた前
提としてたて、こうして何か十分なものに到達するまで続けるであろう。しかし君
は、論争を事とする人々のように、前提とそれからの帰結とを同時に論じて、両方
をごちゃまぜにするようなことはしないだろうね、いやしくも真実の発見を目ざす
かぎりは。彼らはおそらく、真実の発見などということは一言も口にしないし、考
えてもみないのだろう。彼らの知恵は、何もかも一緒くたにしながら、しかも自己
満足だけは別にしておけるのだ。君はしかし、いやしくも哲学にたずさわるものの
102 一人なら、僕の言う方法に従うだろうと思う」

「本当におっしゃるとおりです」とシミアースとケベースが同時に答えました。

**エケクラテース**　誓ってパイドーン、そうでしょうとも。あの方は頭の悪い者でさえ、驚くほどよくわかるようにお話しになりましたものね。

**パイドーン**　そうですとも、エケクラテース。そこにいた人々もみんなそう思い

ました。

**エケクラテース**　その場にいあわせなくて、いまお話を聞いているだけの僕たちでもそうなのですからね。ところで、それからどんな話があったのですか。

**パイドーン**　確か、こんなふうでした。みんながその点でソークラテースに賛成
B し、個々の形相《エイドス》が存在するということ、ほかの事物はこの形相にあずかることによって、それと同じ名を持つということが承認されたあとで、あの方はこうたずねられました、

「君がいまのことを認めるとすると、シミアースはソークラテースより大きいが、パイドーンより小さいと言うとき、君は、シミアースの中に『大』と『小』と両方があると言っていることになるのではないか」

「そうです」

「しかし君は、シミアースがソークラテースにまさるということが、文字どおりの
C 意味で真ではないということは、認めるだろうね？　なぜならシミアースはシミアースであるというそのことによって本性上まさるのではなく、彼がたまたま持っている『大』によってまさるのだから。またソークラテースにまさるのは、ソークラテースがソークラテースなるがゆえにではなく、ソークラテースがシミアースの

『大』に対して『小』を持っているからではないだろうか」
「そのとおりです」
「それからまた、シミアースがパイドーンによって凌駕《りょうが》されるのも、パイドーンがパイドーンなるがゆえにではなく、パイドーンがシミアースの『小』に対して、『大』を持っているからではないか」
「そうです」
「だからこうして、シミアースは両者の中間にあって、一方の『大』に対しては、D凌駕されるようにと自分の『小』を提出し、もう一方へは、自分の『大』を相手の『小』にまさるようにと提出するがゆえに、『大』にして『小』であると言われるのだ」

そう言いながらあの方は笑って、「どうも講義調になったようだね。しかしともかくも、僕の言うとおりなのだ」と言われました。

ケベースが同意しました。

「僕が話すのは、君にも僕と同意見であってもらいたいからなのだ。僕の意見というのはこうだ。大そのものが、同時に大にして小であろうとは決してしないというだけでなく、われわれのうちにある大も、決して小を受けいれないし、凌駕される

Eことも欲しない。そして反対のものである小が近づいてくると、逃げ出し、退散するか、あるいは小が近づくと、滅びてしまうか、二つに一つである。とどまって小を受けいれ、以前とは別のものになることは欲しない。たとえば、僕は小を受けいれて、それに耐え、しかも自分であることをやめずに、この同じ僕が小さくもある。しかし大は、大でありながら、小であろうとはあえてしない。同様にわれわれのうちにある小も、大になりたいとか、大でありたいとか望まないし、そのほか相反するものは何であれ、以前の自分でありながら、同時に反対のものになったり、反対
103のものであったりすることを欲せず、このような目にあうと、去るか滅びるかするのだ」

「本当にそう思われます」とケベースが答えました。

これを聞いて、その場の一人が——誰だったかはっきりとおぼえていませんが——こう言いました、

「神かけて、私たちの先の議論（70D以下）では、いま言われたのと正反対のことが同意されていたのではありませんか。つまりより小さいものからより大きいものが生じ、より大きいものからより小さいものが生じ、一般に、相反するものにとって、生成とはまさにこのように、それぞれが自分と反対のものから生じるのだと。

ところがいまは、そんなことはあり得ない、と言われているように思われます」

　ソークラテースはそちらを向いて聞いておられましたが、こう言われました、
B「偉いぞ、よく思い出させてくれた。だが君は、いま言われたこととさっきのこと
との違いを見落している。あのときは、相反する事物の一方が他方から生じると言
われたが、いまは、反対の性質そのものは、それがわれわれのうちにあるものにせ
よ、実在のうちにあるものにせよ、決して自分と反対の性質をとり得ないと言って
いるのだ。

　あのときは、君、反対の性質を持った事物について語っていたので、それらを反
対の性質そのものと同じ名でよんでいたのだが、しかしいまは、この反対の性質そ
のものについて語っているのであって、それと同じ名をもつ事物は、この反対の性
C質そのものを自分のうちに持つがゆえに、そうよばれるわけなのだ。そしてこの反
対の性質そのものは、決してたがいに一方から他方への生成を許そうとはしない、
とわれわれは主張しているのだ」

　そう言いながら、あの方はケベースのほうを見られて、「ケベース、君も彼が言ったようなことで、何か気にかかることがあるのではないか」と言われました。

「いいえ、今度はありません」とケベースが答えました、「もっとも気にかかるこ

となら、ほかにいくらでもありますけれど」

「ではこの点では、つまり相反する性質の一方は決して自分と反対の性質になろうとはしないという点では、われわれは完全に意見が一致したわけだね？」

「はい、完全に」

「それでは次に、こういう点でも僕に賛成かどうか考えてみてくれたまえ。熱さとか冷たさとかよぶものがあるだろうか」

「はい」

「それは雪や火と同じものかね」

「いいえ、決して」

「そうではなくて、熱さは火とは違い、冷たさは雪とは別のものだね？」

「そうです」

「しかし思うに、雪である以上、先にも言ったように、熱さを受けいれてなお以前と同じものである、つまり雪であってしかも熱いということはない。熱さが近づくと、退散するか、滅びてしまうか、どちらかだということを、君は認めるね？」

「認めます」

「そしてまた火も、冷たさが近づくと逃げ出すか、滅びるか、どちらかであって、あえて冷たさを受けいれ、しかもなお以前と同じものである、つまり火であって冷たいということは決してないということも？」

E「はい、おっしゃるとおりです」

「そうするとこれらの事物のあるものについては、次のようなことが言えるのではなかろうか。すなわち形相そのものが永久に自分自身の名でよばれる資格があるだけでなく、形相そのものではないが、存在するかぎり常に形相の持つ性質を分けもつ事物も、また同じ名でよばれる資格がある。次のような例をとれば、おそらく僕の言うところがもっとはっきりするだろう。奇数は常に、われわれがいま与えた、この奇数という名を持つべきだね？　そうではないか」

「そうです」

「しかしいろいろなものの中で奇数だけがそうなのだろうか。それが聞きたいとこ
104 ろなのだ。それとも奇数と同じものではないが、本性上、奇数と決して離れられないために、常に自分自身の名でよばれると共に、奇数ともよばれるべきものがほかにあるのではないか。たとえば三がそうだといえるし、ほかにも多くある。
　では三の場合を考えてみてくれたまえ。それは、常に三という自分自身の名でよばれると共に、奇数という名でもよばれるべきだとは思わないかね？　奇数は決し

て三と同じではないのに。しかも、三にしても、五にしても、いや数の半分はすべて、本来このような性質を持つのだ。それらは奇数と同じではないのに、それらの各々《おのおの》は常に奇数であるのだ。そしてまた二とか、四とか、さらに数のもう半分の系列はすべて、偶数と同じではないけれど、それらの各々は常に偶数である。君は賛成するかね、それともしないかね？」

「もちろんいたします」

「では僕が明らかにしたい点をよく見てくれたまえ。こうなのだ。つまり、相反する性質そのものが、たがいに相手の性質を受けいれないだけでなく、それ自身がたがいに反対ではないが、常に反対の性質をうちに持っているもの、そういうものも、自分のうちにある性質と反対の性質を受けいれず、それが近づいてくると、滅びるか退散するか、どちらかであるように思われる、という点だ。三は、なお三でありながら、偶数になることに耐えるよりは、むしろそれ以前に滅びるなり、そのほかどんな目にでもあうなりするだろう。われわれはこう主張しないだろうか」

「しますとも」とケベースが言いました。

〔「同様に、二も二でありながら奇数になることは決してあり得ないと言えるだろうね？」

「言えますとも」

「ところで二は三に反対ではないね？」

「ありません」

「そうすると、ただ相反する形相だけが、たがいに相手が近づけば踏みとどまっていないだけでなく、そのほかにも、反対のものが近づけば踏みとどまっていないものがあるわけだ」

「おっしゃるとおりです」

「では、もしできれば、それらがどんなものか、定義してみようではないか」

「はい」

D「さて、ケベース、それはこういうものではないだろうか。つまりそれは、何かを捉《とら》えると、その捉えられた事物に自分自身の性質を付与するだけでなく、自分がつねに持っているなんらかの反対的性質をも持たざるを得なくさせる」

「どういう意味でしょうか」

「さっき言ったことだよ。三という性質が何かを捉えると、その捉えられた事物は三であるだけでなく、奇数でもなければならないということは、君も知っているだろう？」

「はい」

「僕の言うのは、その事物をかくならしめている性質と反対の性質は、決してその事物に近づかないだろうということだ」

「近づかないでしょう」

「その事物をかくならしめている性質とは、奇数という性質だね？」

「そうです」

「その反対が偶数という性質だね？」

「はい」

E「そうすると偶数という性質は、決して三に近づかないだろう」

「決して」

「三は偶数とは何のかかわりもない」

「ありません」

「従って三は非偶数である」

「そうです」

「さてさっき僕が定義しようと言ったのは、どのようなものが、あるものと反対ではないのに、それを受けいれようとしないのか、ということだった。たとえばいま

の場合、三は偶数と反対ではないのに、それを受けいれない。なぜなら、三は常に
105 偶数と反対の性質をもちだすからだ。そして二は奇数と、火は冷たさと、反対の性
質をもちだし、そのほかすべてがそうだ。それでは、こういうふうに定義できない
かどうか、考えてみてくれないか。相反する性質がたがいに相手を受けいれないだ
けでなく、相反する性質を持つ事物の一方が相手に近づく場合にも、自分の持つ性
質と反対の性質は決して受けいれないと。

　だがもう一度、思い出してくれたまえ。何度も聞くことは悪いことではないから
ね。五は偶数という性質を受けいれないだろうし、その二倍の十は奇数という性質
を受けいれないだろう。この二倍ということは、それ自身、別のものと反対関係に
B あるのだが、にもかかわらず奇数という性質を受けいれない。また二分の三とか、
二分の一とかいった分数は整数という性質を受けいれないし、さらに三分の一、そ
のほかすべてそういった分数もそうである。君は僕についてきて、この意見に賛成
してくれるだろうね」

「もちろん賛成しますし、ついてもまいります」

「ではもう一度、最初から言ってくれたまえ。ぼくの質問の言葉そのままで答えな
いで、これから僕がやるようにして答えてもらいたいのだ。というのは、いま述べ

たことから、僕は最初に言った答、あの安全な答のほかに、もう一つ別の安全さをみつけたからなのだ。

もし、君が僕に、ものが熱くなるのはその中に何が生じるからなのかとたずねれば、僕は熱が生じるからだという、あの安全かつ愚直な答はしないで、いまの議論に従って、火が生じるからだと、もっとましな答をするだろう。またもし君が、病気になるのは肉体の中に何が生じるからなのかと聞けば、病気だとは言わずに、熱だと答えるだろう。また数が奇数になるのは数の中に何が生じるからなのかと聞かれれば、奇数という性質だとは答えずに、一だと答えるだろう。すべてこういうふうにね。僕の言う意味が十分に分ってくれたろうか」

「はい、よくわかりました」

「では答えてくれたまえ。肉体が生命を持つのは、肉体の中に何が生じるからなのか」

「魂です」

「いつもそうだろうか」

「そうです」

「それでは魂は、それが何かを捉えると、いつもそのように生命をもたらすのだね？」

「そうです」

「生命に反対のものが何かあるだろうか、それとも、ないかね？」

「あります」

「何が？」

「死です」

「ところで、先の議論で同意されているところによれば、魂は自分がいつも持っているものと反対のものは決して受けいれないのではないか」

「そうですとも」とケベースが言いました。

「ではどうだろう？　偶数という性質を受けいれないものを、さっき何と名づけたか」

「非偶数的なもの」

「正義を受けいれないものは？　また音楽性を受けいれないものがあるとすれば？」

E 「非音楽的なもの、もう一方は不正なもの」

「よろしい。では死を受けいれないものがあれば、何とよぶかね？」

「不死なるもの」

「魂は死を受けいれないのではないか」

「受けいれません」

「では魂は不死だね」

「不死です」

「よろしい。これで証明は終ったといっていいだろうね？　それとも、どうだろう？」

「すっかり十分に証明されました、ソークラテース」

「ではどうだろう、ケベース？　もし非偶数的なものが必ず不滅でなければならな
106 いとしたら、三は不滅であるのではないか」
「もちろんです」

「ではまた、もし熱くならないものが必ず不滅でなければならないとしたら、雪に熱を近づけた場合、雪は融《と》けないまま無事に退却するのではないか。なぜならそれが滅びることはあり得ないし、とどまって熱を受けいれることもないだろうから」

「おっしゃるとおりです」

「同じようにして、思うに、もし冷たくならないものが不滅であるなら、何か冷た

いものが火に近づくと、火は消えも滅びもしないで、無事に去っていってしまうだろう」

「そうなければなりません」

B「では不死なるものについても、次のように言うべきではないか。もし不死なるものが不滅でもあるなら、死が魂に近づくとき、魂は滅びることは不可能であると。なぜなら先に述べたことからして、魂が死を受けいれたり、死んでしまったりすることはないだろうから。ちょうど三が偶数にならず、まして奇数そのものが偶数になったりせず、また火が冷たくならず、まして火の中にある熱が冷たくなったりすることもないというようにね。

『しかし』と誰かが言うかもしれない、『偶数が近づいても、奇数が偶数にならな

Cいというのは、前に同意したとおりだが、奇数が滅びて、そのかわりに偶数が生じることがないとは、どうして言えよう？』

このように言う人に対して、われわれは奇数は滅びないと抗弁することはできないだろう。なぜなら非偶数的なものは不滅ではないのだから。もしかりに不滅だという点にわれわれが同意するとしたら、偶数が近づけば奇数や三は退散してゆくと抗弁することが容易だったろうけれど。そして火や熱やそのほかについても、この

ように抗弁しただろう。そうではないか?」
「そうです」
「だからいまも、不死なるものについて、もし不死なるものがまた不滅でもあると
Dいうことが認められれば、魂は、不死であることに加えて不滅でもあることになろ
う。もし認められなければ、別の議論が必要となってくるだろう」
「そのためでしたら、ほかの議論の必要はありません。なぜなら、いやしくも永遠
であり不死なるものがなお破滅を受けるとすれば、ほかに破滅を免れるものなど何
もあり得ないでしょうから」
「僕の思うに」とソークラテースは言われました、「神や、生命の原理そのものや、
そのほか何か不死なるものがあるとしたら、それらが決して破滅しないということ
は、すべての人の同意するところであろう」
「誓って、すべての人間が同意するでしょうし、わたしの考えでは、神々はいっそ
う同意されるでしょう」
E「すると不死なるものが不滅でもあるかぎり、魂が不死であれば、それはまた不滅
でもあるのではないか」
「全くそうでなければなりません」

「そうすると、死が人間に近づくと、人間の可視的部分は死ぬが、不死なる部分は『死』に場所をゆずって、滅びることなく無事に立ち去ってゆくのだね？」

「確かに」

「ではケベース、魂が不死にして不滅であり、われわれの魂が本当にハーデースに
107 存在するということは、何よりも確実なのだ」

「わたしとしては、ソークラテース、それに反対することはできませんし、これらの議論を信じないわけにはゆきません。しかし、もしこのシミアースやほかの誰かに言うことがあったら、黙っていないほうがいいでしょう。このような問題について語ったり聞いたりしようと思っても、現在をおいては、ほかに適当なおりがあるとは思えませんから」

「いや」とシミアースが言いました、「わたし自身も、少なくともいままで述べら
B れてきたところからは、もう何も不信の点はありません。しかし、問題の重大さ、人間の無力さを思うと、これらの事柄について、自分の中になお不安の念を禁じ得ないのです」

「しかも、それだけではないのだ、シミアース」とソークラテースは言われました、「君の言うことが正しいのは、あの『ものそのもの』が実在するという第一前提に

ついてもそうなのだ、たとえあの前提が君たちに信じられるとしても、それでもなお、もっと厳密な探究がなされなければならない。そして、君たちがあれを十分に分析しつくしたなら、思うにそのときこそ君たちは、人間にとって可能なかぎりロゴスの命じるところに従ってゆくことができるのだ。そしてそこに到達したことが明らかになれば、君たちはもはや、それ以上探究を続けようとはしないであろう」

「おっしゃるとおりです」

C「しかし、君たち、もう一つ考えておくべきことがある。それは、もし魂が不死であるなら、われわれが人生とよぶこの期間だけでなく、全時間にわたって、魂の世話をしなければならないということだ。そして、もしこの世話を怠るなら、その危険はいまや恐るべきものに思われるだろう。

なぜなら、死がすべてからの解放であるなら、悪《あ》しき人々にとっては、死ねば、肉体から解放されるだけでなく、魂もろとも自分自身の悪もなくなってしまうのだから、これは天の恵みともいうべきものだったろう。しかしいまや、魂が不死であ

Dることが明らかな以上、魂にとっては、できるだけすぐれた賢いものとなる以外に、

悪から逃れることも救われることもできないであろう。魂がハーデースへ行くにあたって持ってゆくものは、ただ教育と教養だけであって、これらのものこそ、死者にとってあの世への旅の門出からただちに、最大の利益ともなるし災いともなると言い伝えられているものだ。

その言い伝えとは、こういうことなのだ。各人が死ぬと、生きているうちからその運命をつかさどってきたそれぞれのダイモーンが、道案内をしてあるところへつれてゆくが、そこに集まった人々は裁判を受けて、それから彼らをこの世からあの
E世へつれてゆく役を与えられている、あの案内人と一緒に、ハーデースへおもむかなければならない。彼らが、ハーデースで定められた運命を受け、必要な期間だけそこにとどまると、別の案内人が彼らをふたたびこの世へつれもどすのだ、長い数多くの周期をくりかえしたあとでね。

実際この旅は、アイスキュロスのテーレポス(一〇)が言うようなものでは決してない。
108 彼は明瞭《めいりよう》な道がハーデースへ通じていると言っているけれども、僕には、その道は明瞭だとも一筋だとも思えない。もし彼の言うとおりなら、案内人など必要なかったろう。道が一筋ならどこへも迷いはしないだろうから。ところが実際は、二つに分れたり、三つに分れたりするところが沢山あるようだ。この世で行われる犠牲の

儀式（二一）や慣習から判断して、僕はこう言うのだ。

さて節度ある賢明な魂は、すすんで導きに従い、そこで出遭うものも、このような魂にとっては未知のものではない。肉体に執着する魂のほうは、前にも言ったよ
Bうに（81C）、肉体と可視的世界のまわりを長いあいだうろつき、大いに反抗し、大いに苦しんだあとで、やっと無理やりに、定められたダイモーンに導かれて去ってゆく。

ほかの魂たちがいる場所へやってくると、不浄な魂、何か汚れたことをした魂、たとえば不正の血を流したとか、そのほかそのような、それと同じ類《たぐ》いの魂の仕業である、同じ類いの罪を犯した魂は、ほかの魂がみんな避け、忌《い》み嫌って、誰も道
Cづれにも案内人にもなろうとしてくれないので、たった一人で、途方にくれながら、一定の時がすぎるまでさまよい歩かなければならない。そしてその時がくると、そういう魂にふさわしい住家《すみか》へ無理につれてゆかれる。他方、清らかに節度ある生活を送った魂は、神々がその道づれとなり、案内者となってくれて、それぞれ自分にふさわしい場所に住むことになる。

ところで、この大地には多くのすばらしい場所があり、そして大地そのものの性質も大きさも、普通大地について語る人々が考えているようなものではない、ある

人が僕を納得させたところによるとね」

D　このときシミアースが口をはさんで、「それはどういうことですか、ソークラテース。大地については、わたしも多くのことをすでに聞いていますが、あなたを納得させた説というのはまだ知りません。ぜひ聞かせてください」

「いやね、シミアース、それが何であるかを語るだけなら、何もグラウコス（二二）の才能もいるまいと思う。しかしそれが真であることを証明する段になると、グラウコスの能力をもってしてもむずかしいことのようだ。おそらく、僕には手におえないだろうし、たとえ僕がそれだけの知識を持っていたとしても、僕の生命は、シミアース、そういう長い話をするだけは残っていないように思われる。もっとも、僕が大
E　地の形をどんなものであると信じているかについて、また大地にあるいろいろな場所について語ることは、少しもかまわないけれど」

「それで十分です」とシミアースが答えました。

「僕はね、こう確信しているのだ。第一に、もし大地が球状で、宇宙の中心にある
109　なら、それが落ちないためには、空気あるいはそのほかそのようないかなる力も必要ではない。大地をささえるには、宇宙そのものがすべての方向に均質であり、大地そのものが均衡を保っていることだけで十分である。なぜなら、均衡を保ってい

るものが均質なものの中心におかれるなら、それはどちらかの方向に、より多く、またはより少なく傾くことはできない。どの方向にも一様で、傾くことなく静止している。これが僕の確信の第一だ」

「しかもそれは正しい確信です」とシミアースが言いました。

B「次に、大地は全く大きく、われわれの住むパーシス河からヘーラクレースの柱（二三）まではでは、その一小部分に過ぎない。われわれは、ちょうど池のまわりに住む蟻《あり》か蛙《かえる》のように、この海の周囲に住んでいる。そして、ほかにも多くの人々が、多くのそのような場所に住んでいる。大地の表面には、至るところに、多くの、形も大きさもさまざまな窪《くぼ》みがあり、その中へ水や霧や空気が流れこんでいる。大地そのものはC清らかで、清らかな宇宙の中に位置し、そこには星があり、普通このような事物についで語る多くの人々によって、この宇宙はアイテールと名づけられている。水や霧や空気はこのアイテールの沈澱物《ちんでんぶつ》であって、たえず大地の窪みへ流れこんでいる。

われわれは大地の窪みに住んでいることに気づかずに、大地の表面に住んでいるものと思いこんでいる。それはちょうど、海中深く住む者が海の上に住んでいると思って、水をとおして太陽やそのほかの星を眺めながら、海を天だと思っているよDうなものである。動作の鈍さと無力さのために、彼は、いまだかつて一度も海のいちばん上まで達したことがなく、浮び上がってこの世界に頭を出し、それが彼らのところよりもどんなに清らかで美しいかを見たこともなく、また誰かほかに見たことのある者から聞いたこともない。

　われわれの運命もこれと同じなのだ。大地の窪みの一つに住んでいながら大地の上に住んでいるものと思いこみ、空気を天とよんでいる、まるで空気が天であって、
E その中を星が運行しているかのように。しかし事実は、先の場合と同じで、われわれは無力と鈍重さのために、空気の果てるところまで達することができないというだけなのだ。もし誰かが、空気の果てにまで達するか、あるいは翼を得て舞い上がることができたら、彼は頭をもたげて、ちょうど海の魚がこの世界に頭を出して地上の景色を見るように、かなたの世界の事物を眺めるであろう。そして、もし彼の性質がこれを見るに耐えるだけ強いものであれば、これこそ真の天であり、真の光であり、真の大地であることを知るであろう。
110 なぜなら、このわれわれの大地も石も、いやこの世界の全体が、すっかり壊され蝕《むしば》まれてしまっているのだから。ちょうど海の中のものが海水に侵されているように。海の中には、語るに値するものは何一つ生長しないし、いわば完全なものといっては何もない。土があるところでも、あるものといえば、窪んだ岩か、砂か、計

りしれない泥や泥土だけで、われわれの世界にある美しいものと比べられるようなものは何一つとしてない。他方、かの天上の世界のものは、われわれのところのものよりも、はるかにずっとすぐれているのだ。だから、もしここで物語《ミュートス》を語ってもよければ、シミアース、大地の上、天の下なる世界がどのようなものであるかということは、確かに聞くに値することだろう」

「もちろんです、ソークラテース」とシミアースが言いました、「その物語を、ぜひお聞きしたいものです」

「さて君、それはこうなのだ、第一に、真の大地は上から見ると、色とりどりで、ちょうど十二枚の革から作った鞠《まり》のように見え、それぞれの部分は違った色に分けられている。われわれの世界の色、絵描きたちの使う色は、いわばそれらの色の見本にすぎない。かしこでは、大地全体がこのような色どりを持っていて、しかもそれらは、この世界のものよりははるかに鮮やかで純粋である。

ある部分はおどろくばかり美しい赤紫で、ある部分は金色であり、白い部分は白《はく》堊《あ》や雪よりも白く、そのほかも同様にさまざまの色からなり、しかもそれらの色は、われわれの見るものより数も多く、美しさもまさっている。さきほどの大地の窪みそのものでさえ、水と空気が満ちているため、ほかのさまざまな色の中にあってき

Dらきらと輝き、一種の色調を呈しており、その結果は大地が全体として一つの連続
した多彩な色模様のように見える。そして、このような世界にあっては、そこに育
つものは、木も花も果実も、そこに育つにふさわしいものであり、そしてまた山も
そうであり、そこにある石もそれにふさわしい滑らかさ、透明さ、いっそう美しい
色を持っている。

　われわれのところで珍重されるあの宝石、紅玉や碧玉《へきぎょく》や緑玉など、すべてそのよ
Eうなものは、それのかけらにすぎない。かしこでは、すべてが、このような宝石な
らざるものはなく、しかも、もっと美しいのだ。その理由は、かしこの石は純粋で、
われわれのところのもののように、ここに流れこんでくるものによって生じる腐敗
物や塩分などのために腐蝕《ふしょく》されたり、壊されたりしていないからである。これらの
流入物こそ、石や土だけでなく、動物や植物にも醜さと病とをもたらすものなのだ。
111真の大地は、これらすべての宝石類だけでなく、金、銀、その他、そのようなもの
によっても飾られている。これらはもともと、目に見える場所にあり、数も多く、
形も大きく、大地の至るところに散らばっていて、このような大地を見ることので
きる人々こそ幸せである。
そこには、ほかの多くの動物も人間たちも住んでいる。彼らのうちあるものは内

陸に住み、あるものは、われわれが海辺に住むように、空気の傍《かたわら》に住み、またあるものは大陸に近い、空気にかこまれた島に住んでいる。要するに、われわれにとって水や海がわれわれの必要を充《み》たしてくれるように、かしこでは空気がそれをやってくれる。そしてわれわれにとって空気にあたるものが、かしこの人々にはアイテールである。気候がよいから、彼らは病気にもかからず、われわれの世界の人々よりもはるかに長生きをする。視覚、聴覚、知力その他、すべてのそのような能力において、彼らはわれわれよりまさっている、空気が水より、またアイテールが空気より、その清浄さにおいてまさっているのと同程度に。

そしてまた、彼らのところには神々の杜《もり》や社があり、そこには実際神々が住んでおられ、神託も予言も、神々のお姿を拝むことも、すべてそのような神々との交わりは、直接に神々とのあいだで行われる。彼らは太陽や月や星を、そのあるがままの姿において見、そのほか、これにともなう幸福をも享受《きょうじゅ》するのである。

さて全体としての大地と、それをとりまくものとのあり方は以上のようである。次にその内部構造についていうと、大地には表面をぐるりととりまいて、窪みをなした多くの場所があり、そのあるものはわれわれが住んでいるのよりも深く広く、あるものは深くはあるがわれわれの場所よりも口が狭く、またあるものはここのよりも深さは浅いがいっそう広い。
　これらはすべて、四方八方に通じる、あるいは狭く、あるいは広い地下の通路に
よって、たがいに連絡しており、それを通ってたがいに沢山の水が、ちょうどクラ
ーテール（混酒器）の中へのように流れこんで、熱湯や冷水がたえず流れる巨大な
地下の河をなし、あるいはまた、沢山の火が流れる大きな火の河をなし、さらには、
E どろどろした泥の流れる多くの河をなし、これらの泥流のある部分は薄く、ある部
分は濃く、ちょうどシケリアで熔岩《ようがん》の前に泥の流れがあり、次に熔岩そのものが流
れるのに似ている。これらの流れは地中をめぐって、そのときどきで、先に述べた、
それぞれの窪みのところに達し、そこを満たす。
　さてこれらすべては、地中にある一種の振動によって上下動を行なっているが、
この振動は次のような原因で起るものである。すなわちこれらの数多くの大地の割
112 れ目のうち一つは、特にほかのものより大きく、大地全体を端から端まで貫いてい
る。それはホメーロスが
　　はるかなる、いと地下深き穴倉へ（イーリアス第八巻一四行）
とうたったときに意味しているものだ。彼も、ほかのところでは、それをタルタロ
ス（奈落《ならく》）とよんでおり、ほかの多くの詩人たちもそうよんでいる。この割れ目へ

すべての流れは流れこみ、またそこから流れ出てゆく。そしてそれぞれの流れは、それが通過する場所に似た性質を持つ。

B　すべての流れがタルタロスから出てタルタロスへ流れこむ原因は、この中の流動体にはそれをささえる底がないということにある。そのためこの流動体は、振動し、波のようにもり上がったり退いたりし、そして流動体のまわりの空気ないし息《プネウマ》がそれと同じ運動をする。なぜなら息は流動体が大地の向う側へゆくときにも、こちら側へもどるときにも、それにつれて動くからであり、そしてちょうど呼吸するときに、息の流れが常に出たり入ったりするように、そこでも息が流動体と一緒に振動し、出入りにあたって、恐ろしいとてつもない風を起す。

C　こうして水が、われわれが『下』とよぶ地域に退くときには、水は大地の向う側の数々の河へ、ちょうど灌漑《かんがい》をするときのように流れこみ、それらを満たす。逆に水が向う側を去ってこちら側へ寄せてくると、こちら側の河を満たす。そして満たされた水は、地中の水路を流れ、それぞれの水路が通じている場所に達すると、そDこに海や湖や河や泉をつくる。そしてそこからふたたび地下にもぐり、あるものは多くの広い地域を経めぐり、あるものはそれに比べてわずかな狭い地域を通って、もう一度タルタロスに流れこむ。流れ出た場所よりもずっと下のほうに流れこむも

のもあるし、わずかばかり下のほうに流れこむものもあるが、いずれにしても、す
べて流れ出た場所よりも下方へ流れこむ。またある流れは流れ出たのと反対の側か
ら、ある流れは同じ側からタルタロスへ流れこむ。またあるものは完全にぐるりと
大地を取りまいてひとまわりするか、または蛇のように幾重にもぐるぐると巻いて、
E できるだけ下までさがって、ふたたび流れこむ。しかしどちらの方向へ流れる場合
にも、中心までさがることはできるが、それ以上はできない。なぜならどちら側の
流れにとっても、中心から向う側は登りになるから。

　さて多くの、大きな、いろいろな種類の流れがあるが、それらの多くの中で特に
四つを取りあげよう。そのうち最大で、いちばん外側をまわっている流れが、いわ
ゆるオーケアノスである。それに相対して、反対の方向へ流れるのがアケローンで、
113 これはいくたの荒れた土地を通り、地中を流れてアケルーシアスの湖に達する。そ
こには多くの死んだ人々の魂がやってきて、あるいは長くあるいは短く、定められ
た期間のあいだとどまってから、ふたたび動物に生まれかわるべく送り出されるので
ある。

　第三の河は、これらの二つの中間から発し、流れ出るとすぐに、多くの火が燃え
さかる広大な場所へ流れこみ、そこにわれわれのところの海よりも大きい、熱湯と

B泥とが煮えたぎる湖を作る。それから、この河は泥流となって回流し、地中をあちらこちらと経めぐって、アケルーシアスの湖のほとりに達するが、その水とは混りあわない。そしてさらに何度も地中をめぐって、もっと下方でタルタロスへ流れこむ。この河がピュリプレゲトーン（火の河）とよばれるものであり、その熔岩流が地表のそこここに断片を噴出している。

またこれに相対する点から第四の河が流れ出し、それがまず最初に達するのは、いうところによれば、恐ろしい荒涼とした場所で、そこは全体が一種の暗い藍色《あいいろ》をC呈し、ステュギオス（恐怖の地）とよばれ、河がここへ流れこんで作った湖はステュクス（恐怖の湖）とよばれる。河はここへ流れこむと、その水に恐ろしい力を得、地下にもぐり、ピュリプレゲトーンと反対の方向にぐるぐるまわって、反対側からアケルーシアスの湖に達する。そしてこの河の水も、何ものとも混りあうことなく、めぐりめぐって、ピュリプレゲトーンと反対側からタルタロスへと流れこむ。この河の名が、詩人たちの言うところではコーキュートス（嘆きの河）である。

D　さて大地の構造は以上のようであるが、死んだ人々は、ダイモーンがめいめいをつれてゆく場所へやってくると、まず第一に、美しく敬虔《けいけん》に生きてきた人々も、そうでない人たちも、裁判を受ける。そして普通に生きてきたと判定された人々は、

アケローンに至り、彼らのために定められた舟にのって、アケルーシアスの湖に達
E し、そこに住み、浄《きよ》められ、もし誰かが何か罪を犯していれば、罰を受けて罪を許
され、善行に対しては、めいめいがそれにふさわしい褒美《ほうび》を受ける。

だが犯した罪が大きいために、矯正しがたいと判定された者たち、たとえば何回も大きなお宮泥棒をやったり、不正不法な殺人をくりかえしたり、そのほかこれに類する罪を犯した者たちは、彼らにふさわしい運命によってタルタロスへ投げこまれ、もう二度とそこから出ることができない。

また矯正可能だが重大である過《あやま》ちを犯したと判定された者たち、たとえば怒りに
114 任せて父か母に暴力を加えたがその後の生涯を悔恨のうちに送ったものとか、また
は何か同様な事情で人を殺した者たちも、タルタロスに落ちなければならないが、落ちてからそこに一年間とどまると、波が彼らを投げ出してくれる。普通の殺人者はコーキュートスの流れへ、父殺しや母殺しはピュリプレゲトーンの流れへと。

そして彼らは流されて、アケルーシアスの湖のところまでくると、そこで大声を
あげて、あるものは自分が殺した人々の名を、あるものは自分が暴力をふるった相
B 手の名をよび、自分たちがここを出て湖の中に入るのを許してくれ、自分たちを受
けいれてくれと嘆願し哀訴する。そしてもし相手を説きふせることができれば、彼

らは流れから出て、その苦しみは終るのだが、もしそうでないと、ふたたびタルタロスへと運ばれ、そこからもう一度河に入れられ、自分が害を加えた人々を説きふせることができるまで、この苦しみを受けつづけてやむことがない。なぜならこれが裁判官によって彼らに与えられた刑罰なのだから。

C　最後に、特に敬虔に生きたと判定された者たちは、ちょうど牢獄《ろうごく》から解放されるように、この地下の場所から解放されて自由になり、高きにある清らかな住家《すみか》に至って、大地の上に住むようになる。そして彼らのうち、特に哲学によって十分に身を浄めた人々は、以後は全く肉体なしに生き、ほかの人々よりもいっそう美しい住家に至るのだ。その住家がどのようなものであるかを明らかにすることは、容易なことではないし、いまはもうその時間もない。

しかしいままで述べてきたようなわけで、シミアース、われわれはこの人生において、徳と知恵とにあずかるためにできるだけのことをしなければならないのだ。なぜなら報われるところはすばらしく、希望は大なるものがあるのだから。

D　ところで、これらのことが、私の述べたとおりだと言い切るのは、良識ある人間にふさわしいことではあるまい。しかし少なくとも魂の不死が明らかなかぎり、われわれの魂とその住家とについて、こういった、あるいは何かこれに類したことが考えられるのは、適当なことであり、そのような考えに身を託するのは、あえて試みる価値のあることだと思う。そのような冒険は美しいものだからね。そしてこれらのことを、ちょうどおまじないのように、自分自身に言って聞かせなければならない。僕がさっきからこの話を長々としているのもそのためなのだ。
E さてこういうわけで、その生涯において肉体にかかわるもろもろの快楽や飾りを、
自分とは異質的なもの、むしろ害をなすものとして、それらから離れ、学ぶことの
115 喜びに熱中し、魂を異質的なものによって飾りたてたりせず、魂自身の輝きで、つ
まり節制、正義、勇気、自由、真実などで飾り、そうして運命の呼び声にこたえて
ハーデースへ旅立つ日を待つ人は、自分自身の魂について、心を安んじてしかるべ
きだ。

君たちもね、シミアースとケベース、それからほかの諸君も、またいつか、めいめいハーデースへ旅立つときが来るのだ。だが僕は、『いまやすでに運命が呼んでいる』と、悲劇の主人公なら言うところだろう。それに、もうそろそろ沐浴《ゆあみ》にゆく時刻だ。毒を飲むまえに沐浴をして、女たちに死体を洗う面倒をかけないほうがいいだろうからね」

B あの方がこう語り終えられると、クリトーンが言われました、

「それでソークラテース、この人たちやわたしに、何か言っておくことはないかね？　お子さんのことでも、そのほかのことでも。わたしたちとしては、いちばん君のためになることをしたいのだ」

「いつも言っていることだけで、クリトーン、別にこと新しく言うことはない。君たち自身を大切にしてくれさえすればいいのだ。そうすれば、たとえいま何も約束してくれなくても、君たちが何をしていても、僕にも、僕のうちのものたちにも、そして君たち自身にも、つくしたことになるだろう。だがもし君たちが自分自身をC大切にせず、いままたこれまでも話し合った道に従って生きることをしないならば、たとえいま、どんなに沢山のことを熱心に約束してくれたとしても、何にもならないのだ」

「その点は必ず実行するように努力しよう」とクリトーンが言われました、「だが君の葬式はどんなふうにしようか」

「好きなようにしてくれたまえ。ただし君たちが僕を摑《つか》まえて、僕が君たちから逃げ出さないようにできるならばね」

そう言いながら、あの方は微笑して僕たちのほうを向かれ、

「ねえ君たち、どうも僕には、僕がいまこうして話しあったり、議論の一つ一つを

整理したりしているこのソークラテースだということを、クリトーンに納得させる
Dことができないようだね。彼はもう少ししたら死体となっているのを見るその人を僕だと思って、それで僕をどう葬《ほうむ》ろうかなどとたずねるのだ。僕がさっきから長々と話してきたこと、つまり僕が毒を飲めば、もう君たちのそばにはいないで、ここを去って祝福された人々の幸せな国へ行くのだという、これらの話は、彼にとってはどうも無駄だったようだね。僕は君たちを、同時に僕自身をも、励まそうと思ってしたのに。

それでは君たちが、僕のためにクリトーンに対して保証人になってくれたまえ、彼が裁判官に対して保証に立ってくれたのと反対のことのね。つまり彼は、僕が必ずここにとどまるということを保証してくれたが、君たちは、僕が死んだら必ずこ
Eこにとどまらないで離れてゆくということを保証してもらいたいのだ。そうすれば、クリトーンが耐えやすくなるだろうし、僕の身体《からだ》が焼かれたり埋められたりするのを見ても、僕自身がひどい目にあっているのだと思って、僕のために悲しんだりはしないだろうし、また葬式のときにも、ソークラテースを置くとか、運ぶとか、埋めるとか言わないだろうから。

いいかい、ねえクリトーン、不正確な言葉を使うことは、それ自身好ましくない

だけでなく、魂の中に一種の禍《わざわ》いの種を播《ま》くものなのだ。さあ元気を出して、僕で
116 はなく、僕の身体を葬るのだと言わなければいけない。そして君のいいように、君がいちばん世間の風習に合っていると思うようにして葬ってくれたまえ」

あの方はこう語り終えられると、沐浴をするために別の部屋へ立ってゆかれました。クリトーンが、僕たちには待っているようにと言って、そのあとについてゆかれました。そこで僕たちは、これまで言われたことについて、おたがいに話し合ったり、いろいろと考えてみたり、ときにはまた、僕たちを襲ったこの不幸がどんなに大きいものかを語ったりしながら、待っていました。そのとき僕たちは、父を奪われてこれからの人生を孤児として生きなければならないようなたよりなさを感じていました。

B ところであの方が沐浴をすまされると、お子さんたちが――あの方には小さい息子さんが二人と大きい方が一人おありでした――連れてこられ、あの身内の女の人たちも見えられました。あの方はクリトーンのいるところで、その人たちと話をされ、いろいろとしてもらいたいことなど命じられてから、女の人たちやお子さんたちには帰るようにと言って、ご自分は僕たちのところへ来られました。

もうすでに日の暮れ近くでした。別室にかなり長くおられましたので。沐浴をす

ませて入ってこられると、腰を下ろされましたが、その後はあまり多くを語られませんでした。そこへ十一人の刑務員の配下の者が来て、あの方のそばに立って、こう言いました、
C「ソークラテース、あなたに対しては、わたしはほかの人たちの場合のように、苦情を言うことはありません。ほかの人たちときたら、わたしが長官の命令で毒を飲むようにと伝えると、わたしに向って腹を立てたり、呪《のろ》ったりするのですからね。しかしあなたは違います。これまでここにおられたあいだにも、わたしは、あなたがいままでここに来た人たちの中で最も高貴な、最も親切な、最もすぐれた人であることを知りました。そしてとりわけいまも、わたしに対して腹を立てたりせず、責任者が誰であるかを知って、その人たちに怒りを向けてくださるものと確信して
Dいます。さあわたしが何を言いにきたかはおわかりでしょう？　ご機嫌よろしゅう。逃れられない運命を、できるだけ心静かに耐えるようにしてください」
　こう言いながら彼は涙を流し、向うを向いて出てゆきました。ソークラテースはその男のほうを見あげて、
「君も元気でいるように。僕たちも君の言ったようにするからね」と言われました。それから僕たちのほうに向われて、

「なんてやさしい男なのだろう。いつも僕のところへ来て、ときどき話し合ったりもしたが、誰よりもいい奴《やつ》だった。いまもなんて心から、僕のために泣いてくれたことだろう。しかし、さあクリトーン、彼の言ったとおりにするとしよう。誰かに毒を持ってこさせてくれないか、もうすりつぶされていたらね。もしまだなら、すりつぶすように言ってくれ」

E そしてクリトーンが、

「しかし、ソークラテース、太陽はまだ山の端《は》にかかって、すっかり沈んではいないと思う。それに僕の知るところでは、ほかの人たちだって、命令が伝えられてから、随分たってから毒を飲むのだ。さんざん飲んだり食べたりし、あるものは好きな相手と床を共にしたりしてからね。何も急ぐことはない。まだ時間はあるのだから」

「クリトーン」とソークラテースは言われました、「君の言うような人たちがそういうことをするのは当然だろう。彼らはそうすることによって、何か儲《もう》けものをし
117 たと思っているのだから。しかしこの僕は、そんなことをしないというのも当然なのだ。なぜなら少しばかりおくれて飲んだところで、何の得にもならないばかりか、生きることに執着して、もう空になった杯を惜しそうになめまわしたりしたら、た

だ自分を自分に対して笑い者にするだけだろう。さあ僕の言うことを聞いて、そのとおりにしてくれないか」

クリトーンはこれを聞いて、近くに立っていた召使の少年にうなずかれました。その少年は外に出てゆき、かなりたってから、すりつぶした毒の入っている杯を手にした毒を渡す役目の男をつれて帰ってきました。ソークラテースはその男を見て言われました。

「やあ、ご苦労、君はこれにくわしいはずだが、どうすればいいのかね？」

B 「ただ、飲んでから、足が重くなるまで歩きまわればよいのです。それから横におなりなさい。そうすれば自然にきいてくるでしょう」

そう言いながら、彼は杯をソークラテースにさしだしました。

あの方はそれをいかにも落着いて受けとられたのです、エケクラテース、少しも震えず、顔の色も顔つきも全然変えられずに。いつものように牡牛《おうし》のような目つきでその男をみつめてたずねられました、

「この飲みものを少しばかりある神さまに捧《ささ》げるのに使うのはどうだろう？　かまわないかね？　それとも駄目だろうか」

「ソークラテース、わたしたちはちょうど飲むのに適当だと思う量だけしか、すり

つぶさないのです」とその男は答えました。

C 「わかった」とあの方は言われました、「だが神々に祈りを捧げることだけなら許されるだろうし、またしなければならない、この世からあの世への旅が幸せであるようにとね。これが僕の祈りだ、どうかかなえられますように」

こう言われると同時に、あの方は杯に口をあてて、いとも無造作に、平然と飲みほされました。

僕たちの多くは、それまではどうやら涙をこらえていることができましたが、あの方が飲まれるのを、すっかり飲んでしまわれたのを見ると、どうにも我慢ができなくなってしまいました。僕自身も、抑えても、抑えても涙が溢《あふ》れてきて、顔を覆《おお》って泣きました。あの方のためにというよりは、このような友を奪われるわが身の運命を嘆いてです。

D クリトーンが僕よりも先に涙を抑えきれなくなって、立ってゆかれました。アポロドーロスはといえば、さっきからずっと涙を流しつづけていましたが、とうとうそのとき、あまりの悲嘆に、わっと大声をあげて泣き出し、そこにいあわせた人々の心を引裂きました、ソークラテースご自身を除いてね。

「何ということをするのだ、あきれた人たちだね」とあの方は言われました、「僕

が女たちを家へかえしたのも、おおかたはこんな間違いをしでかさないようにとの
E 心づかいからだったのだ。人は心静かに死ぬべきだと聞いているものだから。さあ
落着いて、挫《くじ》けないでいてくれたまえ」

　僕たちはそれを聞いて恥ずかしく思い、涙を抑えました。あの方はあちこち歩きまわっておられましたが、脚が重くなったと言われて、仰向けにやすまれました。あの男がそうするように言っていたからです。

　すると毒を渡した男が、あの方のお身体に触り、しばらくしてから足先や脛《すね》の方を調べ、それから足の先を強く押して、感じがあるかとたずねました。「ない」と
あの方は答えられました。
118 　次にまた脛に同じことをし、こうして段々上にあがっていって、しだいに冷たく
なり硬くなってゆくのを、僕たちに示しました、そしてもう一度触ってみて、これが心臓まできたらおしまいです、と言いました。

　もうほとんどお腹《なか》のあたりまで冷たくなっていましたが、そのとき、あの方は顔の覆いをとって――覆ってあったのですが――言われました。これが最後のお言葉になったわけです。

「クリトーン、アスクレーピオスに鶏をお供えしなければならない。忘れないで供

えてくれ」

「承知した」とクリトーンが言われました、「まだほかに言うことはないか」

クリトーンがこうたずねられたとき、もう答はありませんでした。

ほんのしばらくして、お身体がびくりと動き、あの男が覆いをとると、あの方の目はじっとすわっていました。それを見てクリトーンが口と目を閉じてあげました。

これが、エケクラテース、僕たちの友、僕たちが知るかぎりでは、同時代の人々の中で、最もすぐれた、しかも最も賢い、最も正しいというべき人のご最期《さいご》でした。

（池田美恵訳）

# 注　解

## ソークラテースの弁明

一　**アニュトス**　手工業者出身の政治家。民主派の有力者。前四〇四年ペロポンネーソス戦争でアテーナイが敗れた直後、スパルタの勢力を利用してできたクリチアースの独裁政治のとき、隣国ボイオーティアに亡命した。しかしまもなくトラシュブーロスらと結んで同志とともにアッチカに侵入し、クリチアースと対戦、この独裁恐怖政治を倒して民主政治を再建するのに功績があった。アニュトスは思想的には保守的な人として知られているのであって、ソフィストの新教育啓蒙《けいもう》思想をたいへん嫌っていたことは『メノン』（九〇A以下）にも見られる。クリチアースが啓蒙思想の洗礼を受けたインテリと見られるので、アニュトスにはこのような思想が何か脅威的なものと感じられ、したがって、彼はクリチアースにかかる思想を吹きこんだ師と考えられるソークラテースをメレートスをして訴えさせたものであろう。

二　**喜劇作者**　一九Cでは、アリストパネースの名があげられているのであり、ここでも主としてアリストパネースが考えられているのであろう。しかしソークラテースを喜劇人物にしたのはアリストパネースだけではなかったのである。

三　**メレートス**　『エウチュプローン』（二B）では、若くて、まだあまり人に知られていない、と言われ、その容貌《ようぼう》は、毛髪の硬直した、鬚《ひげ》の薄い、尖《とが》り鼻の男として描かれている。

四 **アリストパネース喜劇** 『雲』をさす。前四二三年に初演された。息子の馬道楽のために負債の利子も払えないという羽目に陥った田舎出の市民ストレプシアデースが、債権者を法廷で言い負かす方法を覚えさせようとして、息子をソークラテース学校へ入れたが、息子の学んできたのは、親父《おやじ》をなぐっておきながら、この不正な立場をたくみに弁護する論理だったので、怒った父親が学校の焼打ちを試みる、という筋書のもの。すなわち、ソークラテース学校は正邪にかかわらず議論に勝つ方法を教える所として描かれ、有害と考えられた新教育の代表、として扱われたのであった。

五 **レオンティーノイのゴルギアース** 以下二人とともに有名なソフィスト。レオンティーノイはシシリイ島東海岸の都市で、イオーニア系の植民地。前四三一年にペロポンネーソス戦争が起ったころはアテーナイと同盟関係にあり、ドーリス系植民諸都市に圧迫されてアテーナイに救援を求めたりしているが、ゴルギアースはこの使節の主席代表であって、その演説で、当時青年であったクリチアースやアルキビアデースを魅惑したと言われている。のちレオンティーノイに政変が起ったのでギリシア北部テッタリアの都市ラリサに亡命、ここでソフィストの盛名を得た。ラリサはペロポンネーソス戦争中だいたいアテーナイと友好関係にあったようで、『ゴルギアース』に見られるようなゴルギアースのアテーナイ滞在もしばしばあったと思われる。

六 **ケオスのプロディコス** ケオスはアッチカ南東海上の島。プロディコスの生涯については正確なことはあまりわかっていないが、彼もまたゴルギアースのように、ケオスの外交使節としてアテーナイに来たことがあり、公用のかたわら私的の講演をしては金銭を得ていたことが『大ヒッピアース』（二八二C）等に見えている。

七　**エーリスのヒッピアース**　エーリスはペロポンネーソスの北西、オリュムピアの聖地を持つ国。ヒッピアースの生涯についても、これまたほとんど何も知られていない。ただ彼もまた外交使節として諸国、特にスパルタに派遣されたということ、またソフィストとしてシシリイ島に赴き、そこにいた老プロータゴラースの向うをはって多額の収入を得ていたことが『大ヒッピアース』（二八一A、二八二E）に見られ、さらにきわめて多才な人でとりわけ輝かしい記憶力を持っていたことが『小ヒッピアース』（三六八B以下）、ピロストラトス（四九五）に見られる。

八　**カリアース**　財産相続でギリシア随一の富豪となったと言われている。プラトーンの『プロータゴラース』はこのカリアース邸の会合を描き、クセノポーンの『饗宴《きょうえん》』は、このカリアースのペイライエウスにおける別邸の会合となっている。彼はしかし財産を蕩尽《とうじん》して晩年は貧窮のうちに死んだと言われている。

九　**エウエーノス**　『パイドーン』（六〇D）では、詩人として、また哲学者として（六一C）扱われ、『パイドロス』（二六七A）では弁論術の教師となっている。

一〇　**五ムナー**　一ムナーは一〇〇ドラクマ。一ドラクマを四〇円近い金額として計算すると、五ムナーではほぼ二万円ということになる。一ドラクマを英貨八ペンスとしての計算である。

一一　**カイレポーン**　彼は若いときからのソークラテースの仲間と言われ、アリストパネースの劇『雲』（一四四—一五六、五〇三、一五〇五行）『鳥』（一五五五—一五六四行）でも特にソークラテースの仲間として扱われている。やせた蒼白《あおじろ》い人物で、蝙蝠《こうもり》とか夜の子とか言って喜劇作家たちに笑われたり罵《ののし》られたりして皆に知られていたもの。しかしまた彼はアニュトスと同じ民主派の仲間で、クリチアースの独裁制革命のさいには、彼もまた亡命し、アテーナイに民主制が回復するまでその仲間と行動をともにした。したがって、ソークラテースが自分の仲間カイレポーンのことを、告発者アニュトスらと同じ仲間だったものとして語るとき、そこには特別なふくみが感じられるのである。

二　**リュコーン**　古注によると、彼はもとイオーニア系の人で、アテーナイのトリコス区の住民。貧乏が喜劇作者によって笑いものにされたといわれている。ディオゲネース・ラーエルティオス（Ⅱ、三八）によると、リュコーンがソークラテース告訴の一切の準備をしたということである。

三　**アナクサゴラース**　自然学者。イオーニアの都市、クラゾメナイの出身。ペリクレースの客として、アテーナイに三十年間滞在したと言われる。彼の名はアテーナイでひろく知られ、ソークラテースもまた、彼の弟子アルケラーオスから学んだと言われている。アナクサゴラースは隕石《いんせき》のことから天体について新しい考えを持つようになったと言われ、ディオゲネース・ラーエルティオス（Ⅱ、八）によると、彼は太陽のことを火の通って真っ赤に焼けた鉄石塊《てつせつかい》と言い、月には丘や谷があって、住める場所があると言ったと言われている。アテーナイ人はこのように自然を自然から理解する、ということには関心を持っていなかったのであって、このような思想はペルシア戦争後のアテーナイに新しく入った啓蒙思想だと言えるだろう。アナクサゴラースはこの天文学説のために不敬の罪に問われ、晩年はギリシア北部にひっこんで、そこで死んだと言われている。

一四　**あのテティスの息子（アキレウス）**　以下テティスがアキレウスに語りかける言葉と、アキレウスの返答については、『イーリアス』第一八巻九四―九六行および九八―一〇四行参照。

一五　**ポティダイアでも、アンピポリスでも、またデーリオン**　いずれもソークラテースが従軍して戦った土地。ポティダイアは、マケドニアの南東部、カルキディケーにあるパレーネー半島の根もとに位する都市。コリントスを母市とする植民市だが、またデーロス同盟にも加わり、アテーナイとコリントスが対立するにいたって困難な立場に陥り、アテーナイ遠征軍によって包囲攻撃された。前四三三―二年に、ソークラテースはこの戦いに出征、アルキビアデースの命を救ったと言われ、またよく困苦に耐え、北部バルカンの寒い冬にも履物をはかずにいたと言われている。『饗宴』（二一九E―二二〇E）に語られている、ソークラテースが一昼夜立ちつくして沈思していたという逸話もこのときのことである。

アンピポリスも同じ北部バルカンのトラーキア地方西部、ストリューモーン湾の湾曲部に囲まれた都市。ペリクレース時代にアテーナイが建設した重要都市であったのが、前四二四年スパルタ側によって攻略された。アテーナイは失地回復のため、前四二二年遠征軍を送った。ソークラテースの出征はこのことと信じられているが詳細は不明である。

デーリオンはボイオーティア国の東端、エウボイア島の対岸に当る小地点。しかしボイオーティアに入る最近地点の一つである。前四二四年、アテーナイは隣国ボイオーティアに政変を起して自分の支配下に置こうと試みてデーリオンを含むボイオーティアの三つの要地を占領しようとした。しかし作戦は失敗に終りアテーナイ軍は退却を余儀なくされ、敵軍の追撃を受けてたいへんな苦戦に陥った。このときソークラテースがしんがりをつとめて、沈着の勇を見せたことが、『ラケス』（一八一B）や『饗宴』（二二一A）に語られている。

一六　**国政審議会**　前五〇八—七年の、クレイステネースの改革以来、アテーナイ人は一〇の部族に分けられ、おのおのの部族が五〇人の議員を出してそれが五〇〇人の国政審議会を構成することになっていた。アテーナイの国政は主としてこの国政審議会によって処理されていたと言うことができる。

一七　**執行部**　五〇〇人の国政審議会を構成する各部族五〇人の審議員は一年の十分の一の期間特に執行部（プリュタネイアー）の役につき、形式的な政府の仕事をする。審議会を召集し、議事を準備し、討議採決の世話をする。また、国民議会のためにも同様の世話をする。

一八　**あなたがたは……議決したのです**　ペロポンネーソス戦争の末期、前四〇六年に、レスボス島の近くにあるアルギヌーサイ島沖で海戦が行われ、けっきょくアテーナイが勝ったのであるが、アテーナイにもいくらかの損害があった。そのときの沈没船の乗組員がおりからの暴風雨のために救助されなかったので、軍事委員としての一〇人の人々が責任を問われることとなった。実際に裁判されたのは六人であったが、本来ならおのおのが、それぞれ自分の立場を述べ、それに応じて各別個に判決さるべきであるのに、このときには十把《じっぱ》ひとからげに裁決しようとしたのが違法だったと考えられる。けっきょくこのような裁判を主張した連中は、戦死者の追悼会などで感情的になっている民衆を煽動《せんどう》して、反対者を脅迫し、被告たちの有罪死刑を裁決することになったが、このとき最後まで反対したのは国政審議会の執行委員中、ソークラテースただ一人であったと言われている。

一九　**例の三十人の革命委員**　アニュトスやカイレポーンの注に述べたごとくアテーナイ敗戦直後にできたクリチアースの独裁制のこと。アテーナイが敗北したとき、亡命者であったものとして帰国してきたクリチアースは、スパルタ軍の司令官リューサンドロスの勢力を利用し、本来は新憲法制定委員として選ばれた三十人をもって一つの独裁政権を確立した。最初は戦時中の非行者を摘発処罰するだけの仕事が、後には危険分子を除くという口実のもとに恐怖政治となるにいたった。

二〇　**円堂**　国政審議会《ブーレウテーリオン》の建物の近くにあった円形の建物。執行委員《プリュタネイス》はここで一緒に食事をした。革命のとき、三十人の革命委員たちがこれを占有していたのであろうと考えられる。

二一　**サラミースの人レオーン**　この革命のときには罪もないのに裁判も受けず死刑にされた人は少なくなかったようだが、特にレオーンは不当と思われたらしくほかにもいろいろと引合いに出されている。

二二　**わたしの弟子だと言っている者ども**　アルキビアデースやクリチアースのように戦争や革命の犯罪的行為者をさすものと解せられる。

二三　**クリトーン**　本編の三八Bでは、クリトーンはソークラテースに代って罰金を支払うことを申し出、また『クリトーン』ではソークラテースに脱獄をすすめ、さらに『パイドーン』ではソークラテースの死にさいして瞼《まぶた》を閉じさせるまで、いろいろ世話をやいている。

富有な人であったらしい。

二四 **アイスキネース、エピゲネース**　どちらも『パイドーン』（五九B）によって、ソークラテースの臨終に立ち会ったことが知られている。

二五 **テアゲース**　『国家』（四九六B）の中で、テアゲースは病身が手綱になって、政治運動に入らず、哲学にとどまっている、と言われている。

二六 **プラトーン**　プラトーンがその対話編の中で自分の名を出すのは、ここと三八Bと『パイドーン』五九Bの三回だけである。プラトーンが正規の名前であることも、これによって知られる。法廷において別名を呼ぶとは考えられないから。またこのとき父アリストンは既に亡《な》く、兄アデイマントスはプラトーンの父親代りになるほど年長者であったらしいことも想像される。『パルメニデース』一二六A、『国家』三六二D―三六八Aなど参照。

二七 **アポロドーロス**　彼もまた『パイドーン』（五九B）によってソークラテースの死に立ち会ったことが知られる。彼がきわめて興奮しやすくまたソークラテースに対して信者のような尊敬心をいだいていたことも、『パイドーン』や『饗宴』からうかがい知られるのである。

二八 **『木石から生れた者ではなく』**『オデュッセイア』第一九巻一六二―三行参照。

二九 **二人は小さな子供なのだ**　『パイドーン』一一六Bにも同じことが言われている。大きい息子はランプロクレースと呼ばれ、他の二人はソープロニスコス、メネクセノスと呼ばれていたことが、クセノポーンやディオゲネース・ラーエルティオスによって知られる。

三〇 **市の迎賓館において給食**　プリュタネイオンは執行委員《プリュタネイス》（注一七参照）の執務する集会所

で国家の中心であった。ここに公共のかまどが置かれ、公式の饗応が、外国の使節、自国の勲功者、戦死者の遺族、オリムピックの勝利者等に対してなされた。
円堂《トロス》（注二〇参照）は別の建物だったと考えられる。

三一 **ミーノース……トリプトレモス**　ミーノースはクレーテーの王、ラダマンチュスはその弟と言われ、またアイアコスはアイギーナ島に住みペレウスやアキレウスの父祖であったと伝説される。いずれも公正で敬虔《けいけん》な生を送ったため、死後、死者の裁判官に任じられた。またトリプトレモスは、デーメーテールがエレウシースの住民に農業を教えるために送った半神と言われ、彼もまた死者の裁判官に列せしめられる。

三二 **オルペウスやムーサイオス**　いずれも伝説上の詩人。ムーサイオスはオルペウスの弟子であったと言われており、オルペウス教に関係のある神託や詩がムーサイオスに帰せしめられている。

三三 **パラメーデース……アイアース**　パラメーデースは、オデュッセウスがトロイア遠征に参加するのをまぬかれるためによそおった偽《にせ》狂気を見ぬいたため、オデュッセウスから復讐《ふくしゅう》され、トロイア側と内通したという無実の罪におとしいれられて殺されたとされる。
またアイアースはサラミース王テラモーンの子でアキレウスの死後、その遺品分配でオデュッセウスと争って敗れ、狂気となり、正気に返るとともに恥じて自殺したと言われる。

三四 **シーシュポス**　コリントスの王と伝説され、オデュッセウスと同様巧知の代表者と見なされる。彼はハーデースで永久に石を山頂へ転ばし上げ、そのつど石が転がり落ち、また同じ仕事を繰返すという刑を受けていると言われるが、これは神々に奸計《かんけい》を試みた罰とも言われている。

クリトーン

一 **クリトーン**　クリトーンは、『弁明』三三Dによると、ソークラテースと同じアローペケー区の出身、同い齢《おないどし》の竹馬の友である。裕福廉直《れんちょく》な農民であって、ソークラテースのためには、その死にさいして瞼《まぶた》を閉じさせるまで、いろいろ身辺の世話をやいている。さらに『パイドーン』『エウチュデーモス』でも、凡庸ながら忠実な友として名前が出てくる。

二 **例の船**　『パイドーン』五八A以下によると、これはアテーナイ人たちが、テーセウスの誓いによって毎年デーロス島の聖地に向け、その船で祭典使節団を派遣することになっているというといわれの船。アテーナイでは、この船が出港すると、それがふたたび帰着するまでの間は街を清浄に保つというのみで、公の死刑は一切おこなわれないことになっていた。たまたまソークラテースの裁判は、前三九九年の春その年の祭使団出発の前日におこなわれたために、ソークラテースの死刑が確定したにもかかわらず、刑の執行は、その祭使派遣の掟《おきて》にしたがい船の帰着の日まで延期されねばならなかったのである。この延期はかなり長かったらしく、クセノポーン『ソークラテースの思い出』第四巻八の二によると、三十日間に及んだという。

なお、スーニオンはアッチカ半島南端の港町。

三 **三日目にして……着くならん**　これはホメーロスの『イーリアス』第九巻三六三行に、アキレウスがその故郷プチエに着けるであろうと言っている言葉をもじったもの。いわゆるオルペウスの教えにもあるように、ソークラテースはここで、人生を流謫《るたく》の旅路、死は天上の故郷への復帰であるとなぞらえているのである。『弁明』三三Cでも、ソークラテースには神からの指図が、「神託」によっても伝えられたし、夢知らせによっても伝えられたし、また何かほかに、神の決定で、人間に対して、何であれ何かをなすことが命ぜられる場合のあらゆる伝達の方法で、伝えられたと述べられている。

四　**シミアース……ケベース**　二人ともテーバイの裕福な青年であって、もとピュータゴラース派のピロラーオスに師事していたが、ピロラーオスがテーバイを去ったのちは、アテーナイのソークラテースを慕い、その仲間となり、『パイドーン』では、熱烈な崇拝者として、ソークラテースと活潑《かっぱつ》な問答を取交わしている。

五　**テッタリア**　本編五三Dによるとテッタリアは、一種の無法地域であった。

六　**君の息子さんたち**　ソークラテースには三人の息子があったが、『弁明』三四D、『パイドーン』六〇Aから察するに、少なくとも最後の一人はまだ幼児であったらしい。『弁明』のその箇所の注参照。

七　**黒白の決定を……すんだのに**　裁判の前に国外へ逃れれば、という意味であろうが、これが公然と法的に許されていたものかどうかは疑わしい。本編五一D・E参照。

八　**かのものとは……滅びるもの**　むろん精神のことである。

九　**お前はただ……出征のため**　『弁明』二八Eによると、ソークラテースはポティダイア、アンピポリス、デーリオンなどの戦線に出陣した。『弁明』のその箇所の注参照。

イストモスは、ペロポンネーソス半島につらなる地峡。『パイドロス』二三〇Dには、ソークラテースは一度もアテーナイから出たことがなかったと語られているが、それはちょっとした誇張であって、問題にはならない。また、ほかには、ソークラテースのイストモスへの旅行を疑うに十分な理由はないようである。ディオゲネース・ラーエルティオス（Ⅱ、二三）、アテーナイオス『デイプノソピスタイ』五二一六B参照。

一〇 **テーバイ……メガラ**　『パイドーン』九九Aにも、この両国はソークラテースが亡命してよさそうな国としてあげられている。

一一 **コリュバンテスの耳**　コリュバンテスは、プリュギアの女神キュベレーを祭る信者たちのこと。彼らは新たに秘儀を受ける者のまわりを、けたたましい笛の音とともに乱舞してまわり、中にとりまかれた者をその喧噪《けんそう》によって入神状態に誘いこんだと言われている。そのコリュバンテスの喧噪のように、ソークラテースには国法の語る言葉が耳に残ってはなれなかったわけである。なお上注（三）参照。

## パイドーン

一 **エケクラテース**　プレイウースの人、ピュータゴラース派の哲学者。

二 **パイドーン**　エーリスの人、メガラ派に近い哲学の一派をたてた。かつて戦争の捕虜としてアテーナイに連れてこられ奴隷《どれい》に売られたが、ソークラテースが人にすすめて買いもどすと、自由にしてやったとも言われる。

三 **ケベース、シミアース**　共にテーバイの人でピュータゴラース派のピロラーオスの弟子。

『クリトーン』四五Bによれば、彼らはソークラテースの脱獄のための金を用意してアテーナイにやってきたといわれている。本対話編で質問者の役をつとめている。

四　**プレイウース**　ピュータゴラース派の中心地の一つ。

五　**テーセウス**　アテーナイはクレーテーのミーノース王のもとへ怪物ミーノータウロスの餌《え》食《じき》として九年目ごとに七人の若者と七人の乙女とを送らねばならなかった。テーセウスがミーノータウロスを退治して、アテーナイはこの貢物《みつぎもの》を免れた。

六　**アポロドーロス**　『饗宴《きょうえん》』の語り手。

七　**アイソーポス**　通称イソップ。前六世紀の頃のサモス島の奴隷だったといわれ、寓話《ぐうわ》集に彼の名が冠せられる。

八　**エウエーノス**　五世紀の頃パロスの詩人でソフィスト。

九　**ピロラーオス**　ソークラテースと同時代のピュータゴラース派の哲学者。

一〇　**神秘宗教**　肉体を魂の牢獄《ろうごく》とするオルペウス教をさすと解されている。

一一　**それとも……詩人でさえ**　プラトーンによれば詩人は哲学者のように真実を教えるものではないとされるが、その詩人でさえの意。

一二　**エンデュミオーン**　永遠の眠りを与えられた美しい若者。月の女神に愛されたためとか、その他いろいろな物語が語られている。

一三　**アナクサゴラース**　前五世紀の哲学者、万物は最初混沌《こんとん》としており、知性《ヌース》がこれを秩序づけ世界が形成されたと説いた。本編97C参照。

一四　**一般に……よばれる事物**　たとえば正義そのものとか勇気そのものとかいった真実在に対

して、正しい事物とか勇敢な行為とかいうように、同じ名でよばれる個々のもの。

一五　**君**　ケベース自身をさす。

一六　**アルゴス**　アルゴスの人々はスパルタに占領された町を取りもどすまで髪をのばさないことを誓ったと言われる（ヘーロドトス『歴史』第一巻八二章）。

一七　**イオラーオス**　ヘーラクレースはその難行の一つであるヒュドラー退治のときに、大きな蟹《かに》に襲われて甥《おい》のイオラーオスの助けを求めた。

一八　**エウリーポスの潮**　エウボイアとボイオーティアとのあいだの狭い海峡で、潮の流れの変ることで有名。

一九　**女神ハルモニアー**　ハルモニアーはテーバイの建設者カドモスの妻とされている。

二〇　**アイスキュロスのテーレポス**　アイスキュロスの失われた悲劇。

二一　**犠牲の儀式**　道が三つに分れるところで女神ヘカテーに捧《ささ》げる犠牲の儀式が行われるならわしがあった。

二二　**グラウコス**　驚くべき才能をグラウコスの才能というのは当時の諺《ことわざ》であったが、グラウコスについては諸説あって確かなことはわからない。

二三　**ヘーラクレースの柱**　パーシス河は黒海東岸に注ぐ河である。またヘーラクレースは旅の途中で、ジブラルタルの海峡の両側に二本の柱をたてたという。パーシス河からヘーラクレースの柱までとは世界の果てから果てまでの意。

## 原文の読み方について

＊ 8ページ chrē（シャンツ）と読む。chrēn と読まない。
＊ 28ページ syntetagmenōs と、写本のとおりに読む。
＊ 55ページ hama kān（シャンツ・クロアゼ案）と読む。
＊ 64ページ hēmās と読む。写本は hȳmās。
＊ 78ページ シャンツ案に従い、hē tou daimoniou を削除する。
＊ 103ページ alēthē legeis はクリトーンの言葉ではなく、ソークラテースの発言であるとする。

田中　美知太郎
池　田　美　恵

# 解　説

## 一　ソークラテースの裁判と死

ペロポンネーソス戦争終結後五年、紀元前三百九十九年に、ソークラテースはアテーナイ民主派の有力者アニュトスに支援されたメレートスという人物によって、青年に対して有害な影響を与え、国家の認める神々を認めず別の新しいダイモーンのたぐいを祭るという理由で告訴された。『ソークラテースの弁明』とよばれる書物はソークラテースが法廷においてみずからの立場を述べたものである。その内容がどれだけ歴史的事実に即したものであるかは厳密には答えがたい問題である。おそらくそれはソークラテースが実際に行なったであろう弁明の主旨をできるだけ忠実に記述したものであろう。しかしたとえ最も極端な場合を考えて、それが全くプラトーンの創作であったとしても、それがわれわれに対してもつ意義はいささかも損われることはあるまい。なぜなら人間的真実は単なる事実の忠実な記録とは別の次元に属するものであるから。

ではソークラテースの存在の真の意義はどこにあるのであろうか。『ゴルギアース』という対話篇の中で、いわゆる現実派を代表するカリクレースなる人物がソークラテースに問うている。「もし誰かが汝《なんじ》を捕え無実の罪で投獄するならば、汝の哲学はそのとき何の役に立つのか」と。わが身一つを守り得ずして何の哲学ぞやというカリクレースの嘲笑《ちょうしょう》はいまや現実となってソークラテースを襲った。それに対してソークラテースの与えた解答は何であったろうか。それはこの世にいのち以上に大切なものがあるということであった。かつてホメーロスの英雄たちは死すべき運命を知りながら、しかもみずからの意志において死地に赴いた。このことは彼らがいわゆる生命を鴻毛《こうもう》の軽きにおいたからではなく、彼らは何ものにもまして強烈に生命を愛しながら、なおかつその熱愛する生命をさえ、より高い価値の前には犠牲にしたのであった。ペルシア戦争の際のテルモピュライにおけるレオーニダースの悲劇もこの同じ精神のあらわれである。そしてわれわれはこのようなギリシア的理想のおそらく最後の代表者をソークラテースにおいて見いだすのである。悲劇作品の主人公たちの多くがそうであるように、ソークラテースもまた世俗的意味では敗北し身を滅ぼす。しかしそれは実は敗北ではなく勝利なのである。ソークラテースはみずから死を求めたのではない。

自他を吟味するという、神から課せられた使命を遂行するために、彼はまず生きなければならなかった。生き永らえるためにあくまでも個人的に市民たちに語りかけ、決して公人として行動しなかった。もし彼が国政にたずさわり国家社会のうちに行われている多くの不正に反対しつづけてきたならば、七十歳に至るまで生命を全うすることは到底できないアテーナイの現状を、あまりにもよく知っていたからである。しかもついに捉《とら》えられたソークラテースはその最期《さいご》にあたって、善き人には、生きているときにも死んでからも、悪《あ》しきことは何一つあり得ないと昂然《こうぜん》として言い切るのであった。この一見同語反覆ともみえるソークラテースの確信を空疎《くうそ》なオプティミズムと嘲笑《あざわら》う人々よりも、少なくともソークラテースは遥《はる》かに深く権力政治の実体を知悉《ちしつ》していた。そのうえでなおもかなたに輝くイデアを信じて失わなかったのである。すべての偉大な思想はオプティミズムの上に立つと言えないであろうか。思想は、自己を知り自己を確立し自己を発展させようとする、人間に本来的な生存への意志に根ざすものではないだろうか。ソークラテース、死の宣告をうけたこの一人の囚《とら》われ人《びと》の姿は、全法廷を、全アテーナイの市民たちを、さらに後世のわれわれすべてを圧して毅《き》然《ぜん》として立ちはだかる。いまや行くべき時がきた、私は死ぬために諸君は生きるために、どちらがよいかは神のみぞ知り給《たま》うのだという言葉を残して彼は静かに法廷を去って行った。アテーナイの青年たちならずとも、文学も科学も政治的野心も一切をすててそのあとにつき従わずにはいられないような人間がそこにいる。プラトーンは他のあらゆる活動を無にしてしまうような哲学の魅力をソークラテースの生と死とにおいて見たのであった。

裁判の後デーロス島のアポローンへの祭使派遣の行事にぶつかってソークラテースは一月あまりを獄中に過した。処刑が一両日後に迫った日の朝まだき、ソークラテースの幼い頃からの親友であったクリトーンは彼のもとを訪れた。獄吏を買収してソークラテースをテッタリアへ逃すためであった。一切の手筈《てはず》はととのい、残すところはソークラテースを説得することだけだった。しかしこうして開かれた牢獄《ろうごく》の門をぬけて国外に出て行くことを彼は肯《がえん》じなかった。それがなぜであるかを明らかにしたのが『クリトーン』である。人間にとって大事なのは、多数者の脅威に屈しておのが魂を破滅させてまでも、ただひたすら生きることに汲々《きゅうきゅう》とすることではなくて、よく生きることこそ大事なのである。では何が最高の生き方なのか。不正はそれ自身悪なるがゆえに、何人に対しても、たとえ自分がいかなる不正を加えられようとも、不正を加えてはならない。国家は他の何ものにもまして、われわれがそれに対して悪を加えてはならない存在である。一国にとっていったん定められた判決が個人の恣意《しい》によって覆《くつが》えされることがあるとしたら、国家にとってこれに勝《まさ》る悪はない。これがソークラテースのクリトーンに与えた理由であった。ペルシア戦争後十年にして生をうけ、トゥキュディデースをして名目は民主主義だがその実はこのうえなくすぐれた一市民による支配といわしめたペリクレース時代のアテーナイにその成年期を過したソークラテースは、ひたすらこの国を愛した。しかし彼の哲学者としての眼はこの地上的繁栄の底に潜むものを洞察し、アテーナイ没落の原因が一般に光栄と力にみちた時代と信じられていたこの時代に胚胎《はいたい》することを見逃さなかった。このゆえに彼はポリスにつかわされた虻《あぶ》となることを自分の市民としての義務となし、その同じ市民としての義務感が彼に毒杯を傾けしめたのであった。

このように一方においてポリスの法に忠実なるために生命を捨て、他方において徹底的にポリスを批判しそれに抵抗しつづけたソークラテースを内面から支えていたものは何であったか。それを追求したのが『パイドーン』である。『パイドーン』はソークラテースが何の怖《おそ》れも気負いもなく平然として死に赴くのをみて不思議に思う親しい友人たちに対する、彼のいわば第二の弁明の書である。死は人間の生涯を完成させるものである、それは消滅ではなく完成である、哲学とは死を学ぶことにほかならないというソークラテースの言葉は、一見甘美な死の讃美《さんび》であるとうけとられることも可能である。逃れ難き死に追いつめられたソークラテースは死の讃歌を歌うことによってみずから慰めたのだとひとは笑うかもしれない。しかし『パイドーン』は死の讃歌ではない。その目的は死によっても滅び去ることのない魂の世話こそ人生の最大の関心事なること、それを離れて生きることの意義も幸福もあり得ないことを示すことにあった。魂の世話をすること、別の言い方をすれば自分自身を大切にすること、それがソークラテースの友人たちに残した最後の願いであった。何かしてほしいことはないかとたずねる老友クリトーンに対して、「君たち自身を大切にしてくれさえすれば、たとえ君たちが何をしていても、ぼくにつくしてくれたことになるのだ」とほほえみながら答えるソークラテースに、われわれは真の意味における教育者の姿をみる。というよりもソークラテースにおいて始めて教育《パイデイア》ということが意味をもったといった方がよいであろう。そしてそこにソークラテースとソフィストとの違いがある。ソフィストにとって教育とは社会の必要に応《こた》えるものであった。しかしソークラテースにとってそれは生命を失わせるような危険な仕事であった。

ソフィストは一人々々をとってみれば、それぞれの問題とするところはすこぶる多方面にわたっており、いずれもそれほど独創的な思想家とはいえず、むしろその多くは健全な道徳家もしくは時流に乗るオポテュニストでさえあったが、この啓蒙《けいもう》運動は社会に、その眼に見えない深部で、驚くべき変動をひきおこした。問題意識においてはむしろ酷似しているとも言えるアイスキュロスとエウリーピデースの世界の本質的相違を形づくっているものもソフィストであれば、ソフィストをあれほど徹底的に揶《や》揄《ゆ》したアリストパネースの喜劇をうみだしたものもソフィストであった。いままでごく少数の人々の専有物に過ぎなかった知識が、突如として非常に広汎《こうはん》な社会層に拡《ひろ》がり、社会全体が何か訳も分らずにただ新知識に浮かされるようになった。それは一面において確かに躍動する時代の徴憑《ちようひよう》であり民衆の溢《あふ》れるヴァイタリティを示すものであったが、同時に他面において大いなる犠牲を伴うものであった。例えばソフィストの一人アンティポーンは言う。国法は人間のつくったものであり、従って単なる約束ごとであると。国法が人為的なものなら、人はこれを自由につくりかえることができるわけである。このような考え方自身はある意味で当然のものだともいえる。しかし国法がすなわち道徳法でもあるような社会において、このような考え方が一般民衆の間に滲透《しんとう》するとき、その影響するところはすこぶる重大なものがあった。それは単に法律に対する不信をもたらすだけでなく、法への不信は道徳全体への不信を意味するから、その結果は人々の生活の基礎をなす伝統的価値観を根こそぎゆすぶることになった。ソフィストはみずから積極的な意図なくして既成道徳の破壊者の役割を演じたのであった。このような事態に対して当然の反応として既存社会の側からの猛烈な自衛、抵抗が生じる。『雲』に戯画化されているような新旧の衝突は至るところに展開した。皮相な見方をすれば、ソークラテースの処刑はソフィストに対する既存社会の反撃の犠牲だともみられる。ソークラテースをソフィストと混同する一般民衆に対してソークラテースの真の意義を明らかにしたのがプラトーンであった。外から与えられた道徳に対して内からの道徳を、外的な何ものによっても犯されることのない真の道徳を打立て、根こそぎゆすぶられた道徳の尊厳を、人間の尊厳をもう一度新しい基礎の上に確立しようとしたのがソークラテースの仕事であった。そしてその使命のゆえにソークラテースは死に、プラトーンは現実のポリスの変革に、すなわち実際の政治家たらんとすることに絶望して、理想のポリスの建設に向った。しかしこのことはプラトーンが政治から逃避して哲学に隠れたということではない。政治とは現実に追随し、あるいは大衆に媚《こ》びて彼らの意を迎えることではない。何が真に善であるかを探究し、いかなる困難をもあえてひきうけて、国民が真に善くなるようにと努力することこそ真の政治なのである。この意味においてプラトーンにとって哲学こそ真の政治であったと言わなければならない。

## 二　プラトーンの哲学

初期対話篇においてソークラテースの思い出を描いてきたプラトーンは『パイドーン』においてみずからの哲学形成の第一歩を踏み出した。といってもプラトーンの哲学は彼の中に生きつづけているソークラテースと離れがたく結びついており、この『パイドーン』もソークラテースの最後の日の面影を伝えるものという形で書かれている。ただ『パイドーン』において始めて、後の対話篇において展開されるイデア論、想起説、霊魂の不滅性等の問題が正面から論じられているので、ここにプラトーン思想の第一歩をみようというのである。

プラトーンの対話篇を読むとき、われわれは生活経験の中から哲学が次第に形成されてゆく過程を如実《にょじつ》にみることができる。もちろんいつの時代においても、個々の哲学者にとって彼の思想が本当に彼自身のものである限り、その哲学は哲学者自身の生活の中から生れてくるものである。しかし哲学一般としてみるとき、後世の哲学者たちはすでにでき上った哲学の枠の中に、伝統的問題や概念の中に生みつけられる。じっさい近代哲学の読者は、あまりにも難解な用語や特殊化された問題の前に途方にくれ、ある言葉が何を意味するのか、またなぜそのような事が問われなければならないのか理解に苦しむ場合が多々ある。この点プラトーンの、特に初、中期の対話篇において、われわれは日常経験の中で思想が形成され、それを表現する用語が模索されながら次第に形づくられてゆく姿を自分の眼で辿《たど》ることができる。確かにイオーニアの自然哲学以来プラトーンに至るまですでに二世紀に近い哲学の伝統がある。二百年という歳月はデカルトの死後まだ三百有余年しか経ていないことを思えば、決して短い期間とは言えない。プラトーン哲学もその多くをソークラテースは言うまでもなく、ヘーラクレートス、パルメニデース、ピュータゴラースその他の諸派に負うていることはアリストテレースの指摘を待つまでもない。しかしプラトーンでは哲学の問題なり概念なりがまずあって、哲学者がその枠の中で考えているのではない。そこでは哲学は涸《ひから》びた抽象の亡霊ではなく、経験という果てしなく豊かな土壌の中にしっかりと根をはっている。同時に経験が単にそのときどきの特殊な経験に終らないで、たくましい人間精神が雑多なものの中に秩序を見いだし、個別的なものを普遍的なものにまで高め、現実の中にイデア的なものを見るのである。そしてこの現実に立ち向う強烈な人間知性の営みに、文字どおりの意味における知への憧憬《どうけい》としての哲学は存在する。このような哲学のあり方を単に古き善き時代の夢として片付けてしまうことができるであろうか。誰がいったいプラトーンの時代が自分たちの時代よりもいっそう平和であったなどと言い得るであろうか。プラトーンの哲学は、哲学が、否《いな》もっと広い意味で人間の精神が、何であり得るか、また何であらねばならぬかについて、厳しい示唆《しさ》を与えてくれるのである。

さて『パイドーン』の中心問題は魂の不滅性の証明である。死後における魂の存続が証明されない限り哲学者が死を恐れないのは愚かなことではないかというケベースの問にこたえて、魂の不滅性を証明しようと試みたのがソークラテースの最後の日の対話の内容である。魂の不滅性の証明ということは二十世紀に生きるわれわれにとってすこぶる奇異な感じを与える。さらにそれにつづく第一の証明として、すべての生成は相反するものの一方から他方へとなされる。例えば眠っているものは目覚めているものは眠りにおちる。同様に生きているものは死に、死んでいるものから生きているものは生れる。魂は死者から再びこの世に生れてくるために肉体の死後どこかに存在しつづけていなければならない、というような証明は、文字どおりに解すれば滑稽《こっけい》でしかない。しかしオルペウス教やピューターゴラース派の輪廻《りんね》説にすでに素朴な形であらわれているが、人間存在が肉体の死とともに滅びてしまうのではなく何らかの意味で不滅の存在をもつということは、現代においてもなお多くの人々の信念もしくは願望であるといえよう。『パイドーン』はもともと生物的生命を意味した魂《プシユーケー》なる概念を、人間の中にあって死によっても滅びることのない精神なる概念にまで高めようとする努力としてみることができる。このような精神の概念は決して始めから自明だったわけではなく、神、人間、歴史、自然等の概念と同様、長い思想の歴史を通して徐々に形成されてきたものである。このような精神の概念を発見し、人間の最高の価値と幸福とがそこにあることを明らかにしようとした点に、われわれは『パイドーン』における魂の不滅性の証明の意義を認めるべきではないか。

魂の不滅性の第二の証明に用いられているいわゆる想起説についても、また想起説の背後にあり同時に第三、第四の証明の前提をなすイデア論についても同様のことが言われる。われわれ人間の魂はかつて天上において神々とともにあり真実の存在を見ていたが、いまや魂はその翼を失いこの地上に落ちてきた。たまたま地上に美しいものを見るとき、魂はかつて見た天上の美を思いおこし、真実の存在に対するあこがれが魂の中にうずくのである、というわゆる想起説はそのままでは美しい神話以外の何ものでもない。また何かが美しいのは美のイデアがそこにあるからであり、何かが大きくなるのは大そのものがそこにあるからであるというようなイデア論もそのままでは同語反覆以外の何ものでもない。われわれはプラトーンをしてそのような神話を語らしめたものが何であったかを求めなければならない。それはこの世の正義、この世の美を越えた正義そのもの、美そのものへの希求であった。イデア論の形成はプラトーンにとって彼の心に潜む天上的なるものの解放であった。その解放の機縁となったものがソークラテースであり、また数学であった。数学をイデアへのもう一つの踏み石とすることによって、プラトーンはイデア論をソークラテース的道徳の問題から広く知識一般の問題へと拡張した。それによってプラトーンは世に真実なるものは何一つとして存在しないし、またたとえ存在するとしても認識し得ないという懐疑論に対抗して、普遍妥当的認識の可能性を根拠づけようとした。この意味でイデア論はカントの認識批判の先駆をなすものでもある。しかしイデアを概念の実体化として、プラトーンを幼稚なカントとして片付けてしまうことはできない。イデア論の目指すところは単なる認識批判ではない。というよりむしろ無知をあらゆる不幸と悪の原因とするプラトーンにとって、知識の問題と道徳の問題とは別個のものではなかったというべきであろう。

　ここからプラトーンの自然研究に関する態度も理解される。『パイドーン』の中でソークラテースは若い頃の体験として、当時の自然研究に失望したこと、アナクサゴラースが万物の原因を理性《ヌース》におくと聞いて大いなる期待をもってその書物に向ったが、そこに語られているものが事物の単なる機械的原因に過ぎないことを知って失望したこと、機械的原因はある出来事が起り得る条件を明らかにするものであるがなぜそれが起るかの真の原因を明らかにするものではないことを語っている。これらの言葉を自然研究に対する無理解を暴露したものとして、「なぜ?」ではなく「いかに?」を問う科学を否定して科学に目的概念を導入したものとして非難することはたやすい。しかし機械論的法則によって支配される没価値的な自然という考え方は近代科学のものであって、それを厳密な形でギリシアに求めることはできない。確かに厳密な観察にもとづく実証的知識はギリシアの学問の一特色であるが、それらはいまだ個々の経験的知識にとどまりまた全般的にみてすこぶる不十分なものに過ぎず、自然を体系的に説明しようとする自然学者たちの巨大な要求には到底応《こた》え得ないものであった。確実な知識を求めたソークラテースが当時のかかる自然研究の状況に不満を抱いたのは当然であった。しかもソークラテースにとって関心の中心は人間にあった。人間の行動の原理を探求することを究極の目的としたソークラテースが唯物論《ゆいぶつろん》的傾向と結びついた当時の自然研究を否定せざるを得なかったのもまたけだし当然といわなければならない。このソークラテースの倫理中心の立場を拡大して全自然を包括した目的論的体系を打ちたてようとしたのがプラトーンであり、そこに近代科学のように生物をも無生物の原理から説明しようとする機械論的世界観とはちょうど逆に、無生物をも生物の原理から説明しようとする有機的世界観が成立する。しかしわれわれが目的論のゆえにプラトーンを直ちに科学の進歩に逆行するものときめつけることができないのはいうまでもない。確かにプラトーンにおいて究極的には数学その他の諸学はそれ自身の価値のゆえにではなく哲学への予備学として求められているといわざるを得ない。しかしアカデメイアがギリシア数学の母胎となったのは否定できない事実であるし、科学的世界観の根抵をなす世界の合法則性の確信そのものをわれわれはまさにプラトーン哲学に負うているのであるから。理性的世界認識をふまえているところにこそ、プラトーン哲学と皮相な人文主義的教養との根本的相違が存するのである。

ところで『パイドーン』の中でアナクサゴラースに失望したソークラテースは、原因探求のための二次的方法として、言論《ロゴス》の中に事物の真相を探ろうとした。プラトーンにとってロゴスは決して事実の影ではない。ロゴスによる探求は物の影を見ることではない。「人間はもっとも論破しがたいと思うロゴスに身を委《ゆだ》ねて筏《いかだ》に乗って大海を渡るようにこの人生を乗り切らなければならない、もしより信頼すべき乗物である神のロゴスによっていっそう危険少なく旅することができないならば」という言葉の裏に、神のものではない人間の知性に対する深い信頼と自信とを読みとることは許されないであろうか。知的冒険の精神、みずからの知性のみを頼りに未知の世界に乗り出そうとする強烈な意志はプラトーン哲学の特色である。同時にこの自信は常に人間の無力についての深い反省によって裏打ちされている。魂の不滅性が一応証明され終ったときにシミアースは言う、問題の重大さと人間の無力とを思うとき自分はまだ若干の不安を禁じ得ないと。言論嫌い《ミソロゴス》になるな、あまりにも安易にロゴスを信頼すればあとで間違ったロゴスのあることを発見したときにショックをうけてロゴスはすべて不確かであると思ってしまう、そのようにしてミソロゴスにおちるのはロゴスが悪いのではなく人間が悪いのだと警告するソークラテースの言葉に、われわれはギリシア思想のもっとも健全な姿を見ることができる。それを合理主義とよぶもよい。しかしそれは野方図な人間理性至上主義ではない。絶えず人間の無力の反省に裏打ちされた理性への信頼と勇気こそギリシア思想のわれわれに残した最大の遺産ではないだろうか。

池田美恵

Title : APOLOGIĀ SŌKRATOUS
KRITŌN
PHAIDŌN
Author : Platon

# ソークラテースの弁明《べんめい》・クリトーン・パイドーン

新潮文庫　フ－8－1

昭和四十三年　六月三十日　発行
平成十七年十一月二十五日　五十九刷改版
平成三十年　四月　十日　六十六刷

訳者　田《た》中《なか》美《み》知《ち》太《た》郎《ろう》
　　　池《いけ》田《だ》美《み》恵《え》

発行者　佐藤隆信

発行所　株式会社　新潮社

郵便番号　一六二—八七一一
東京都新宿区矢来町七一
電話　編集部(〇三)三二六六—五四四〇
　　　読者係(〇三)三二六六—五一一一
http://www.shinchosha.co.jp

価格はカバーに表示してあります。

乱丁・落丁本は、ご面倒ですが小社読者係宛ご送付ください。送料小社負担にてお取替えいたします。

印刷・錦明印刷株式会社　製本・憲専堂製本株式会社



ISBN978-4-10-202701-1 C0110